全国幼儿园园本课程系列

QUANGUO YOUERYUAN YUANBEN KECHENG XILIE

在做中学

——幼儿 STEM 项目活动精选

主　编　杨　凌

副主编　杨晓梅　王　兵　张厚贵

复旦大学出版社

幼儿教师专业成长书系

前言

在跨学科的综合课程改革浪潮下，我国的科学课程经历了从分科到综合的转型历程。与此同时，基于问题学习、项目学习、工程设计等方式的 STEM 教育作为跨学科综合教育的有效形态，及培养学生批判性思考能力、创造力、与人沟通能力、与人合作能力等核心素养的重要途径，已被世界各国广泛认知。从国家层面来看，STEM 教育目前已经进入到我国国家课程标准。2017 年教育部印发的《义务教育小学科学课程标准》中，特别把 STEM 教育列为新课程标准的一项重要内容。2016 年 4 月 21 日，美国教育部与卫生服务部在白宫举行了关于早期 STEM 教育的研讨会，主要讨论了提升幼儿学习 STEM（科学、技术、工程、数学）兴趣的重要性，标志着 STEM 教育开始受到学前教育界的重视。由此，很多国家纷纷效仿，中国部分地区的幼儿园也开始进行 STEM 教育探索。

那么，"STEM 教育"是什么？"STEM"是科学（Science）、技术（Technology）、工程（Engineering）、数学（Mathematics）四门学科英文首字母的缩写。其中科学是人类认识世界、解释自然界的客观规律的系统化知识；技术是利用工具和产品，在尊重自然规律的基础上改造世界的方法和技巧；工程是在科学的基础上，运用技术、通过设计来解决问题和制作产品的过程；数学则是技术与工程学科的基础工具，是对数、量、形等关系的研究。幼儿园开展 STEM 教育，重点不在于发展幼儿的科学、技术、工程、数学四方面的能力，而是让幼儿从小建立 STEM 意识，以 STEM 思维进行学习与生活，培养其理解、思考、合作，运用多种学科经验解决问题的能力，为其终身学习与发展奠定良好的基础。

自 2011 年至今，中国科学院光电技术研究所幼儿园始终致力于幼儿园科学教育的实践研究，在"培养健康、快乐、富有灵性儿童"的办园目标及"尊重需要、创设情境、丰富体验、启智明礼"的办园理念的引领下，形成了以科学探究为特色的园本课程。课程建设主要经历了四个阶段：第一阶段是以知识点为指向的科学教育活动；第二阶段是三大板块（生命科学、物质科学、地球与空间科学）下的系列主题活动；第三阶段是"光电"主题下的特色主题探究活动；第四阶段是以兴趣为导向，以问题解决为中心，自由生成的STEM项目活动。

在长期的探索与实践中，教师们对于科学教育的认识发生了根本性的转变：从关注科学知识到注重幼儿科学探究能力，从关注科学活动的结果到注重幼儿探究活动的过程，从单一学科的活动到五大领域的渗透、融合。在这个过程中形成了"一起玩科学"的教育主张："玩科学"是一种理念——为幼儿成长奠基；"玩科学"是一种状态——自由探究；"玩科学"是一种实践——思考创新；"玩科学"是一种分享——交流讨论；"玩科学"是一种能力——解决问题；"玩科学"是一种合作——幼儿、教师、家长共同参与。我们期望，幼儿在玩科学的过程中，发现问题，解决问题，对科学产生兴趣。在探究过程中，激发创新思维，养成独立自主、乐于分享、大方自信的良好品质，为未来成长奠定坚实的基础。

STEM教育是国际科学教育发展的新趋势，并开始影响到我国的幼儿园科学教育。如何将我园科学教育的长期实践与STEM之间建立链接，如何让科学教育更具前瞻性，这是值得在研究中深刻思考的问题。我园以往的科学探究园本课程重点在于对科学问题的探究，而较少涉及技术与工程这两个板块。随着园本课程的不断深入与对STEM教育理念的深度学习，我们不得不对以往的研究进行重新审视。从在活动中仅关注素养到注重培养STEM素养，我们开始了新的探索与实践。

其实，生活中发生的大多数问题都需要应用多种学科知识来解决，而幼儿园的STEM活动应该是引导幼儿基于真实问题情境进行思考，根据幼儿需求设计、规划项目，将科学、数学有机融合，并通过简单的技术、工程来解决问题的过程。这个过程以创造性解决问题为核心，培养幼儿进行跨学科学习和经验迁移运用的能力。鉴于此，我园的STEM教育主要是基于"四大板块"（生命科学、物质科学、地球空间科学、科学技术）主题，围绕某一个科学问题而生成的跨学科整合学习项目，项目强调以工程为核心的包括设计、制作和改进的一系列过程。

我们将STEM活动与科学探究课程进行有效的结合，确立了课程目标：科学启蒙，初步培养幼儿发现问题、分析问题、解决问题的能力，激发创新思维的意识，助力成长，为幼儿终身学习奠基。STEM 活动不是单独存在的，而是以某一科学问题为前提的进一步深化与拓展。在 STEM 活动的开展过程中，我们确立了"寻科学（触摸科学，发现未知）——玩科学（解决问题，设计制作）——言科学（表达表现，经验提升）"的课程实施路径。每一个 STEM 活动的实施都以科学问题的探究为前提，在发现问题的过程中，运用多学科知识与经验分析问题，在设计、制作、改进的过程中解决问题，最后通过科技作品、成果汇报、科普图画书等形式，呈现幼儿在 STEM 活动中的学习过程，提升幼儿的经验。

《在做中学——幼儿 STEM 项目活动精选》是我园课程研究的成果之一。书中共提供了 9 个不同科学主题下的 STEM 活动案例，内容涉及幼儿园小班、中班、大班三个年龄段。这些案例都有明确的结构框架：问题引入、经验准备活动、问题解决、拓展延伸、项目活动网络图、STEM 要素分析、幼儿发展评估、项目活动思考。部分案例附加了二维码，读者可以通过手机扫描二维码，观看幼儿在项目活动中形成的科普图画书、项目活动微视频，直观形象地了解项目活动中幼儿的操作情况，便于读者进一步理解案例内容。

问题引入：交代了该 STEM 项目活动的源起和主题背景，分析在该项目活动中幼儿即将要解决的问题，预设 STEM 内容，为后续活动开展理清思路。

经验准备活动：在分析幼儿已有经验和该 STEM 项目活动需要掌握的技能基础上，设计开展家园互动、区域活动、集体教学活动等一系列活动，为幼儿铺垫经验。

问题解决：还原幼儿在该 STEM 项目活动中发现问题——分析问题——解决问题的过程，这个过程体现了活动所包含的 STEM 要素，以及运用经验解决问题的工程思维。

拓展与延伸：STEM 项目活动的进一步深化、优化与拓展。

项目活动网络图：梳理了该 STEM 项目活动开展的整体框架与推进思路。

STEM 要素分析：分析了科学、技术、工程、数学在 STEM 项目活动中的体现与运用，明确了各个学科之间的区别与相互联系。

幼儿发展评估：从幼儿的情感体验、经验提升、能力获得、方法掌握等方面提出了该STEM 项目活动中幼儿所要达到的水平，并通过画"☆"进行量化。

项目活动思考：分析了该 STEM 项目活动中幼儿的发展与表现，从经验分享或活动优化的角度提出了教师、家长在 STEM 项目活动中的意见和建议，引发读者的进一步思考。

另外，本书进行了"解读""支持""注释""安全提示"四个内容的批注，读者在阅读的过程中可以更加清楚地了解幼儿的行为意图、教师支持、相关科学知识点及需要注意的安全事项。

本书呈现的 STEM 教育实践案例都是我园教师对 STEM 教育不断探索、思考、研讨、调整的结果，是集体智慧的结晶。希望通过本书的梳理，为幼儿园一线教师开展 STEM 教育提供参考和借鉴，帮助幼儿园一线教师在对案例的解读与分析中理解科学、技术、工程和数学之间的内在联系，形成 STEM 教育意识，看到 STEM 教育的机会和价值，有助于教师在实践中真正理解和实施 STEM 教育活动。

中国科学院光电技术研究所幼儿园课题组

在做中学

幼儿STEM项目活动精选

Zaizuozhongxue
Youer STEM xiangmu huodong jingxuan

目 录
contents

项目一

· 小班 ·

制作小板凳

Zhizuo Xiaobandeng

一、问题引入 ✿

角色扮演是小班孩子非常喜欢的游戏，他们在娃娃家和小厨房"煮饭""炒菜""吃饭"的时候，有的孩子直接跪坐在地上，有的孩子把自己的小椅子搬进区角。由于小椅子比娃娃家的小桌子高，他们常弯着腰趴在小桌子上"享用美食"。

见此情景，教师计划为娃娃家添置几个小板凳。在商量用什么材料、怎样制作小板凳时，一位教师提出：能不能放手让孩子们尝试制作？制作小板凳涉及材料的收集、板凳的设计与制作，这是一个蕴含STEM元素的探究活动。小班的孩子能开展STEM项目活动吗？大家很疑惑，他们结合班级孩子的发展水平与需要进行了分析：

一方面，虽然小班孩子年龄小，动手能力较弱，但他们充满好奇，对操作活动很感兴趣；另一方面，板凳是孩子们在生活中经常接触和使用的物品，且结构简单，制作材料易于收集。同时，孩子们在动手制作的过程中，可能会在科学、工程、技术、数学等方面获得以下经验：

◆ 科学：能感知材料的光滑与粗糙、软与硬等特性。

◆ 工程：收集适宜的材料，尝试小板凳的制作。

◆ 技术：安全、正确地使用剪刀；尝试使用透明胶、双面胶进行粘贴和固定。

◆ 数学：进行大小、高矮、多少等量的比较。

一次区角游戏之后，教师将添置小板凳的计划告诉了孩子们，他们跃跃欲试。就这样，制作小板凳的活动拉开了序幕。

二、经验准备活动 ✿

观察活动：幼儿园里的板凳

教师带着孩子们在幼儿园寻找板凳，孩子们找到了小椅子、钢琴凳、木头圆凳和塑料圆凳等几种板凳，教师引导孩子们区分了小椅子和小板凳的不同，然后将这些板凳放在一起请孩子们进行观察和比较。

● 观察要点

1. 观察板凳的形状、结构和材质。

2. 比较板凳的异同。

● 观察发现

板凳类型	材质	结构	比较异同
钢琴凳	皮革、木头	凳面、凳腿	三种凳子座面都很光滑；钢琴凳大，木头圆凳和塑料圆凳小；钢琴凳和木头圆凳都有四条腿，塑料圆凳只有一条圆柱形的凳腿；钢琴凳的座面可以打开，里面有储物空间，而塑料圆凳和木头圆凳的座面都不能打开。
木头圆凳	木头	凳面、凳腿	
塑料圆凳	塑料	凳面、凳腿	

三、问题解决

（一）什么材料可以做板凳

通过前期的观察和讨论，孩子们知道了板凳的结构，了解了制作板凳的材料。那么，

孩子们可以使用什么材料来制作小板凳？教师请孩子们在区角中找一找。然而，仅有少数孩子能够带着任务寻找材料，有的孩子没有目的地摆弄材料，还有的孩子自顾自地玩起了游戏。

看到苗苗在建构区摆弄积木，教师拿起一根圆柱形的积木问她："我觉得圆圆的积木可以用来做板凳，你觉得是用来做凳腿还是用来做凳面合适？"苗苗回答说："凳腿。"教师继续问道："你手上方方的积木可以用来做什么？"苗苗说："坐的那一面。"于是，教师请苗苗把两种积木收集起来。

在教师的引导下，孩子们找到了泡沫、奶粉桶、鞋盒、易拉罐、木板、积木等材料，通过摸一摸、压一压、坐一坐的方式，感知材料的特性，并就材料的用途进行交流讨论，结果如下：

（1）泡沫：摸起来软软的，可以用来做凳面。

（2）奶粉桶：硬硬的、圆圆的，可以直接当一个小板凳使用，但凳面比较小。

（3）鞋盒：很轻，也可以直接当小板凳使用，但承重能力较弱，不适合体重较重的小朋友和教师使用。

（4）易拉罐：硬硬的，细细的，可以用来做凳腿。

（5）木板：很平整，可以用来做凳面。

（6）积木：细细的、圆圆的积木可以用来做凳腿，薄薄的、方方的积木可以用来做凳面。

（二）制作板凳

教师将孩子们挑选出来的材料，放置在材料预备区，制作时，孩子们可以从中选取自己喜欢的材料来使用。

在做中学

幼儿STEM项目活动精选

Zaizuozhongxue

Youer STEM Xiangmu Huodong Jingxuan

支持：

小班孩子的任务意识弱，注意力容易分散，所以教师需要参与活动，与孩子们一起寻找材料，和孩子们交流想法和意见。

解读：

小班孩子依靠行为、动作进行科学探究。因此，应提供给孩子充分的动作感知的机会。

1. 第一次制作：用鞋盒做板凳

有孩子提到鞋盒可以直接当板凳，教师请一位小朋友坐上去试试，孩子们观察到盒面出现了下陷的现象。为什么盒面会下陷？孩子们推测，鞋盒里空空的，所以盒面下陷。于是，闪闪提出在鞋盒里放一些东西支撑。他找来两个奶粉罐放在鞋盒里，由于奶粉罐比鞋盒高，导致盒盖不能扣上。他又和佳骐、洋洋找来了泡沫积木和塑料积木，不断尝试，将鞋盒里的积木垫到与鞋盒一样高，然后将盒盖与盒身粘贴在一起，"鞋盒小板凳"制作完成。孩子们轮流坐上去，发现盒面没有下陷；两个小朋友同时坐上去，盒面依然没有下陷；教师坐上去，整个鞋盒也完好无损。

解读：

幼儿的动手能力和创造能力是逐步发展起来的。第一次制作中，以鞋盒为主体材料，通过填充鞋盒内的空间，增强鞋盒的稳固程度，把鞋盒变成板凳。这一过程中，幼儿只需对填充物的高矮、大小进行比较，幼儿自主创造的空间较小。

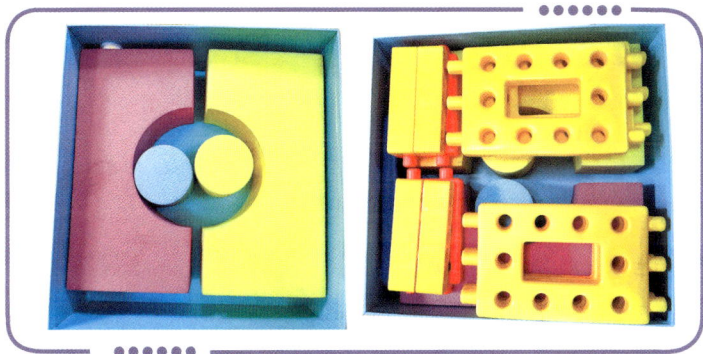

图 1-1（左上）：在鞋盒里放上泡沫积木，发现积木比鞋盒矮

图 1-2（右上）：在泡沫积木上面增加两层塑料积木，使积木的高度和鞋盒高度一致

2. 第二次制作：自主设计和制作板凳

（1）做一个高高的板凳

石头想要做一个高高的板凳，他找来三块高度相同的积木做凳腿，一块泡沫做凳面，但当他试图坐上去时，积木倒塌了。于是，他又找来两块积木拼成一个方形，放在凳腿的下面做支

撑。固定之后，他尝试着坐上去，这次凳腿非常稳固，可是凳面边缘却有些塌陷。教师参照石头的方法，用六块圆柱体积木和一块泡沫做了一个小板凳，并请石头体验、观察它们的异同。石头发现他的板凳只有三条凳腿，仅支撑了凳面的中心部位，而教师的板凳有六条凳腿，支撑面更大，所以更稳固。随后，石头对自己的板凳进行了改进。

图 1-3、1-4、1-5：石头对板凳的三次改进

（2）做一个又软又舒适的板凳

佳骐准备做一个又软又舒适的板凳，他发现海绵软软的，非常适合做板凳。几个孩子听到佳骐的想法，也都想要使用海绵来制作板凳。佳骐垫了四块海绵，用手压一压，海绵陷了下去；他继续往上放了三块海绵，用手压一压，海绵还是被挤压得很扁；他继续往上垒高，可是，还没来得及坐上去体验，海绵就散落一地了。

汤圆用五块积木做支撑，用泡沫做凳面，并在泡沫上放置了一个铁盒，又在铁盒上铺了一层海绵。他坐上去试了试，既稳固又舒适。教师请汤圆介绍自己的方法，他讲道："下面的积木是凳腿，上面是坐的凳面。如果没有海绵，坐在铁盒上感觉会很硬，不舒服；铁盒在这里（海绵下面），海绵就不会陷下去。"听了汤圆的介绍，在教师的鼓励下，佳骐再次进行尝试，用积木做凳腿，用泡沫和海绵做凳面，制作了一个舒适的小板凳。

支持：平行游戏

教师以平行游戏的方式，参与到制作之中，引导石头通过观察、对比，发现自己的板凳塌陷的原因，找到解决问题的办法。

支持：经验分享

汤圆和佳骐都使用了海绵，借鉴汤圆的成功经验，佳骐也找到了解决问题的办法。

图 1-6：汤圆制作的板凳　　　　图 1-7：佳骐再次尝试制作的板凳

（3）制作造型各异的板凳

　　闪闪用四块积木做成一个小板凳，两块积木做凳腿，两块积木粘在一起做凳面。随后他又把两个奶粉罐粘在一起，做成了一个可以储物的小板凳。洋洋找来几块像拱桥一样的积木拼在一起，坐上去感受了一下，很稳固，然后用透明胶粘贴固定，做成了一个小板凳，并进行了装饰。妮妮在一块大泡沫上粘贴了两块小泡沫和一块小小的圆柱体积木，做成一个小板凳。因为只有一块圆柱体积木做成的凳腿，人一坐在上面就左右摇晃。不过，妮妮觉得这样很好玩。

解读：
　　第二次制作，不再设定制作的主体材料，而是放手让幼儿自主选择，幼儿的作品也随之呈现出创造性和独特性：有可储物的板凳，有只有一条腿会左右摇晃的板凳，还有舒适感极强的板凳等。可见，幼儿思维的独创性已经萌芽。

图 1-8（左上）：闪闪用积木制作的板凳　　　　图 1-9（右上）：闪闪用奶粉罐拼成的板凳，打开盖子可以储物

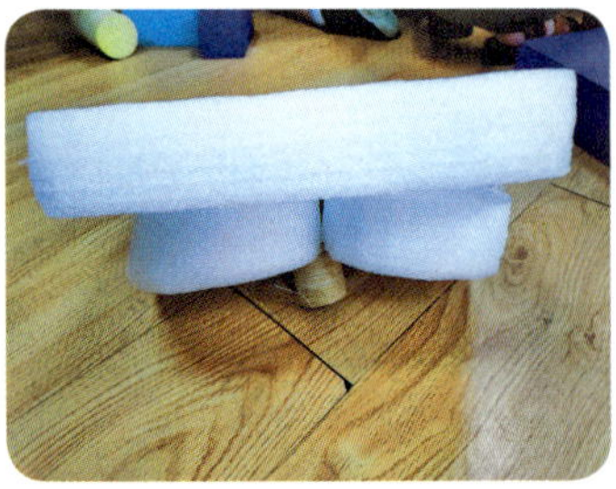

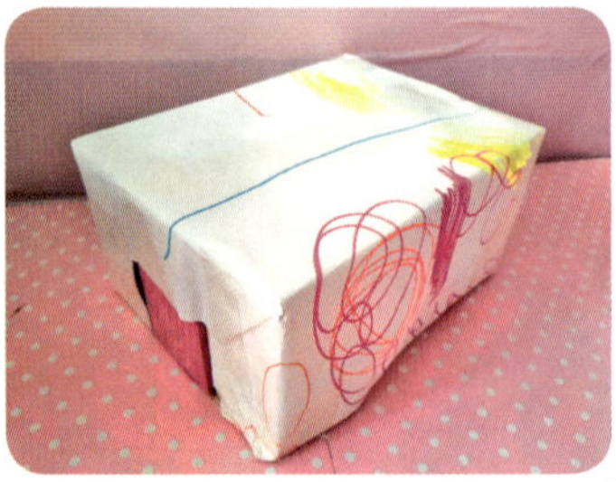

图 1-1o：妮妮制作的可以左右摇晃的板凳　　图 1-11：洋洋制作的板凳

（4）粘贴、固定与投入使用

在制作中，粘贴和固定是孩子们遇到的一个难题。教师提供了透明胶、双面胶、白乳胶和热熔胶，孩子们选择了透明胶、双面胶和热熔胶三种材料。其中透明胶和双面胶由孩子们用剪刀进行剪切、粘贴，而热熔胶的使用，则为了确保安全，由孩子确定需要粘贴的地方，教师帮忙打胶固定。

板凳被固定好后，便放在娃娃家供孩子们游戏时使用。

（三）使用中的问题与改进

区角游戏时，孩子们坐在板凳上"吃饭""哄娃娃""梳妆打扮"。正当大家沉浸在游戏中时，石头的板凳倒塌了，这引起了大家的注意。这时，闪闪发现他用积木做的板凳也开始摇晃了。教师请孩子们分析板凳垮塌和摇晃的原因，孩子们归因于板凳没有被固定好、小朋友的不正确使用等。如何使孩子们找到问题的本质，了解影响物体稳定性的因素？教师制作了三个小板凳，供幼儿观察比较。

观察后，孩子们发现，板凳的凳腿越高越容易摇晃，凳腿越矮稳定性越好，三条凳腿比两条凳腿的板凳稳固。洋洋建议闪闪在两条凳腿的中间加一些物体用来支撑，闪闪用海

> **支持：教师介入**
>
> 教师通过动手制作板凳，将问题的解决方法"隐藏"在作品中，鼓励孩子们通过观察、比较、发现板凳摇晃和倒塌的原因，在此基础上找到改进板凳的思路。

图 1-12（左上）：教师制作的板凳与 石头制作的板凳进行对比

图 1-13（右上）：教师制作的板凳 与闪闪制作的板凳进行对比

绵一块一块地垒上去，填满了凳腿之间的空间。经过一番比较，石头找来方形的拼插积木做凳腿，制作了一个稳固的板凳。

图 1-14：闪闪调整改进后的板凳

图 1-15：石头重新制作的板凳

四、拓展与延伸

孩子们自己动手制作的小板凳，解决了娃娃家板凳短缺的问题，使孩子们能够更好地投入到娃娃家游戏中。这些小板凳，不仅是孩子们手中的作品，也是教师眼中的"宝贝"，与孩子们一起游戏时，教师和孩子们"争抢"着坐板凳。对于小板凳，孩子们还有很多新想法，比如桐桐从家里带来了好看的花格布，给板凳换上新"衣裳"；闪闪在家里和爸爸一起收

集材料，也制作了一个小板凳放置在玩具区；面包在鞋盒板凳的侧面粘贴了一个月饼盒，将小板凳变成小椅子；佳骐和石头想要制作更多的小板凳放在阅读区使用；汤圆想要为老师量身制作一个舒适的小板凳……

为了延续孩子们对板凳的热情，拓展对板凳的认识，教师请家长们带着孩子们观察家里、餐厅、图书馆等场所的板凳，和孩子们一起讨论板凳的材质、形状和功能等。

在家长的引导下，孩子们观察到户外使用的小板凳可以折叠，餐厅里的板凳长长的、可供几个人同时坐下，有的小板凳的凳面是用线绳编织而成的，有的小板凳的凳面有漂亮的花纹……孩子们对板凳的认知经验进一步丰富，这些经验将支持孩子们把想法变为现实。

五、项目活动网络图

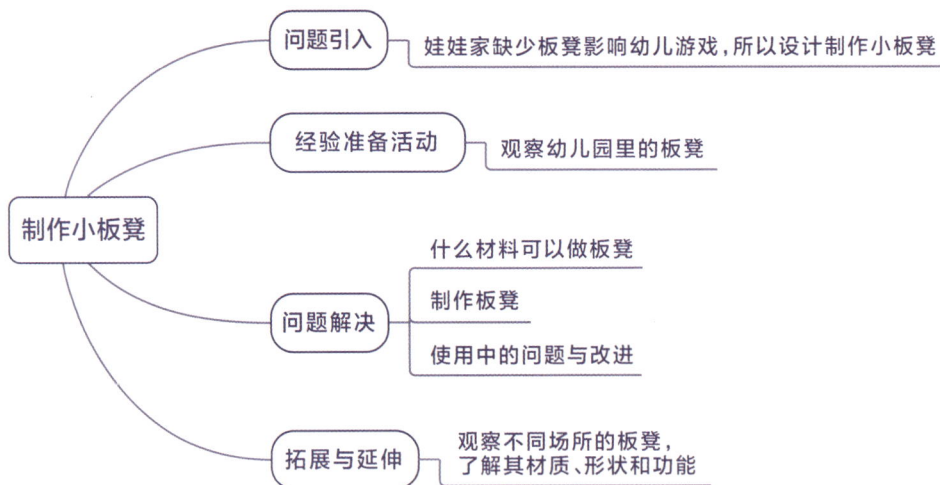

制作小板凳

- 问题引入 —— 娃娃家缺少板凳影响幼儿游戏，所以设计制作小板凳
- 经验准备活动 —— 观察幼儿园里的板凳
- 问题解决
  - 什么材料可以做板凳
  - 制作板凳
  - 使用中的问题与改进
- 拓展与延伸 —— 观察不同场所的板凳，了解其材质、形状和功能

六、STEM 要素分析 ✿

S（科学）	材料的不同特性	在选择和使用材料的过程中，感知纸盒、海绵、铁盒、皮革、木头、塑料等不同材料光滑与粗糙、软与硬的特性
	结构稳定性	增大凳腿与地面的接触面积，板凳更稳固；降低凳子的重心，板凳更稳固；增加凳腿与凳面的支点，板凳更稳固
T（技术）	简单工具的使用	尝试使用剪刀；使用透明胶、双面胶进行粘贴
E（工程）	制作小板凳	收集适宜的材料，制作小板凳
	改进小板凳	针对小板凳在使用中出现的问题，进行调整与改进
M（数学）	比较	凳面宽、窄的比较；凳腿高、低的比较；材料的大小、多少的比较
	计数	凳腿的数量、板凳的数量

七、幼儿发展评估 ✿

发展指标	发展评估（用 1~3 颗星星表示发展水平）
1. 乐意观察生活中的板凳，了解板凳的材质和结构	
2. 能够讲述板凳的直观特征，如板凳的外形	
3. 喜欢参与制作板凳活动，为自己的活动成果感到高兴	
4. 能分辨常见的材料，如塑料、木头、皮革、海绵等，感知材料的软硬、光滑和粗糙等特性	
5. 能感知和区分材料的大小、多少、高矮、长短，并使用相应的词表述	
6. 能注意材料较明显的形状特征，并能用自己的语言描述	
7. 初步感知影响结构稳定性的因素，如接触面积的大小	
8. 会使用剪刀，能根据需要选择并使用适宜的粘贴材料	

《3~6岁儿童学习与发展指南》指出："幼儿科学学习的核心是激发探究兴趣，体验探究过程，发展初步的探究能力。"对小班的孩子们来说，探究兴趣的激发和探究过程的体验尤为重要。因此，选择孩子们生活中熟悉的小板凳作为探究对象，能有效调动孩子们的已有经验，激发探究兴趣；制作的作品又能满足孩子们在娃娃家的游戏需求，让孩子们获得成就感。

然而，小班幼儿在活动中兴趣持续时间短，注意力容易被干扰和转移，问题解决的意识和能力较为缺乏，这给项目活动的持续进行带来了很大的挑战。为此，教师应及时介入，或与孩子们言语互动，或亲自参与制作活动，或邀请同伴分享经验，引导孩子们交流想法、观察比较，进而分析问题和解决问题。

整个项目活动不仅是科学、技术、工程、数学等领域的融合，也加强了语言、社会、艺术等领域的联系，如接触到"凳腿""座面"等专业词汇，用"软软的""硬硬的"等叠词进行描述；在交流和运用的过程中，促进了幼儿语言能力的发展。一起观察小板凳，分享自己的发现，在制作中介绍自己的方法、观察他人的作品、帮助同伴分析问题和提出建议等，增进了幼儿与同伴、成人间的社会性交往，促进了幼儿适应并喜欢幼儿园的集体生活。

项目组教师：陈　慧　杨晓梅　赵　静

项目二 · 中班 ·

Dajian Xiepo Guidao

搭建斜坡轨道

一、问题引入 ❀

有一次，教师带来了一套轨道积木，准备作为教学活动的教具。活动前，孩子们便开始摆弄起来，他们拼了一个倾斜的轨道，看着小球在轨道上滚动，开心得跳了起来。

教师看着眼前的情景，回想起《与幼儿一起学习 STEM：用斜坡和轨道开展探究性教学》这本书里孩子们对斜坡的探索，心想：说不定孩子们会对搭建斜坡轨道产生兴趣，便问道："你们见过斜坡吗？"宥宥回答："我们搭的轨道就是一个斜坡。"教师接着问："斜坡是什么样的？"贝儿说："斜坡就是一边高一边低。"听了孩子们的回答，教师觉得孩子们对斜坡有一定的认识，便继续问道："你们想要搭建斜坡轨道吗？"孩子们纷纷点头。

于是，教师再次阅读《与幼儿一起学习 STEM：用斜坡和轨道开展探究性教学》，借鉴书中的探究点，结合孩子们的经验水平，梳理出核心探究问题——搭建让圆球持续滚动的斜坡轨道。在探究的过程中，孩子们可能会涉及到的科学、工程、技术、数学等方面的经验如下：

◆ 科学：斜坡的稳定性；小球滚动的速度与斜坡倾斜度之间的关系；小球滚动的惯性。

◆ 技术：斜坡接触面的稳定；几段斜坡之间的连接。

◆ 工程：各种各样斜坡的搭建。

◆ 数学：积木的数量、形状、厚薄以及斜坡高度等量的感知；斜坡轨道搭建的空间；轨道长度的测量。

二、经验准备活动 ❀

亲子活动：斜坡小·调查

斜坡，孩子们在生活中随处可见。观察生活中的斜坡，可以加深孩子们对斜坡结构的了解，丰富孩子们对斜坡的认知经验。于是，教师邀请家长与孩子们进行一次亲子小调查，引导孩子们与爸爸妈妈一起观察斜坡的特征，讨论斜坡的作用。

幼儿获得经验：

我们发现的斜坡	斜坡的作用	关于斜坡，我们知道……
屋顶上的斜坡	倾斜的屋顶让雨水顺流而下	1. 斜坡一边高，一边低 2. 有的斜坡坡度大，有的坡度小 3. 斜坡有不同的形状，有的呈螺旋形，有的呈"之"字形 4. 坡道上的减速带可以减缓车子下坡的速度，提升车子行驶的安全性 5. 骑自行车的时候，下坡很轻松，上坡很费劲
台阶垫	台阶垫放置在楼梯处，便于自行车、婴儿车通行	
马路上的斜坡	马路上的斜坡可以降低山体的坡度，让车子轻松地行驶	
滑滑梯上的斜坡	滑滑梯上的斜坡可以让小朋友感受滑行的快乐	

三、问题解决

（一）第一次搭建斜坡轨道
——怎样让圆球从轨道的起点滚至终点

区域游戏时，教师提出任务——搭建一个斜坡轨道，让圆球在轨道上持续地滚动，孩子们跃跃欲试。教师请孩子们先绘制设计图，彤彤设计的斜坡轨道由高低不同的"柱子"和斜面构成；贝儿设计了一个像滑滑梯一样的斜坡轨道；端端参照人行天桥的斜坡进行了设计；宥宥认为球从斜坡轨道滚下来会冲出去，于是设计了一个阻挡装置，让球及时地停下来。

图 2-1：彤彤设计的斜坡轨道　　　图 2-2：宥宥设计的斜坡轨道

设计好后，孩子们开始动手搭建。端端将十块薄的方形积木叠在一起，然后将一块长长的积木板一端靠在叠起来的积木上，另一端放在地面上，搭成了一个斜坡；贝儿先叠放了六块方形积木，又在不远的地方叠放了两块方形积木，形成两个支撑点，然后找来一块一米左右的积木板放在了支撑点上，也搭成了一个斜坡。他们拿来圆球，尝试让圆球在斜坡上滚动，可圆球几乎每次都从斜坡上掉下来。教师提出问题："怎样让圆球从斜坡的起点滚至终点"，讨论中孩子们提出了三种解决办法：第一，将多块积木板拼接在一起，加宽斜坡轨道；第二，给轨道修一个围栏，不让圆球滚出来；第三，将做斜面的积木更换为用 PVC 管切割成的凹槽。在后续的尝试中，孩子们使用上述方法，成功地让圆球从轨道的起点滚至终点。

图 2-3、2-4：彤彤搭建的斜坡前后对比

图 2-5：贝儿用加宽的方法搭建的斜坡轨道　图 2-6：芯芯和萌萌用凹槽搭建的斜坡轨道

（二）第二次搭建斜坡轨道
——搭建长长的斜坡轨道

在第一次的搭建活动中，孩子们搭建了由 1~2 个凹槽或积木构成的轨道，让圆球从斜坡的起点滚至终点。在第二次活动中，教师提出任务——搭建一个长长的斜坡轨道，并让圆球持续滚动，意在引导幼儿感知结构的稳定性，探索自然测量的方法。

1. 轨道不稳怎么办

在任务的指引下，孩子们开始搭建。笑笑和皮皮用积木垒起三个支撑点，然后在支撑点之间、支撑点与地面之间分别放上一块凹槽，搭成由三块凹槽构成的轨道。"可以让轨道更长一些吗？"教师带着期许的目光问。

于是，他们准备在最高的支撑点旁边垒一个更高的支撑点，可是，垒起来的积木频频倒塌。其他孩子也遇到类似的问题：积木易倒怎么办？教师请孩子们观察大家的垒高方法，经过观察后发现：有的支撑点是由竖着摆放的积木垒起来的，有的支撑点是由横着摆放的积木垒起来的；有的支撑点是由厚积木块垒成的，有的支撑点是由薄积木块垒成的；有的轨道支撑点多，有的轨道支撑点少。经过比较，大家发现积木横着摆放比竖着摆放更稳固，竖着摆放时厚积木比薄积木稳固，支撑点多的轨道比支撑点少的轨道稳固。于是，孩子们更换了积木的摆放方式，将积木横着摆放并垒高，提高了支撑点的稳定性，并增加新的支撑点，使轨道得以延长。

在搭建过程中，除了积木易倒，凹槽脱落也时有发生。怎样固定凹槽？通过讨论，孩子们提出解决办法：

第一，用力将上一块凹槽压在下一块凹槽的里面，使两块凹槽嵌在一起。

第二，增加凹槽的支撑点。

第三，用积木在凹槽连接处设置挡板。

> **解读：**
> 这一部分孩子们重点解决了"保持斜坡结构稳定性"的科学问题和"轨道凹槽易脱落"的工程问题。在不断的探索尝试中，孩子们发现了影响斜坡结构稳定性的因素，并找到了固定凹槽的方法。

图2-7（左上）：宥宥用竖着摆放的积木搭建的斜坡轨道

图2-8（右上）：宥宥用横着摆放的积木搭建的斜坡轨道

2. 谁的轨道长

找到了积木易倒和凹槽易脱落的解决办法，孩子们有的对轨道进行了改造，有的重新搭建了轨道。搭建完成后，大家都认为自己组的轨道是最长的。由于轨道的起点和方向各不相同，孩子们难以用目测的方式比较轨道的长短，而这正是探索自然测量的好时机。怎么测量轨道的长度？小魏想到用尺子量，宥宥提议用积木一块接一块地拼起来，然后数一数积木的数量，积木越多轨道越长。大家决定用宥宥的办法来进行测量，经测量得知，可乐、芃芃组的轨道有 8 块积木长，笑笑、皮皮组和优优、迪迪组的轨道都有 7 块积木长。结果表明，可乐、芃芃组的轨道最长。

图 2-9：孩子们用积木测量斜坡轨道　　图 2-10：孩子们记录的测量结果

　　除了增强轨道结构的稳定性和比较轨道的长短，在交流讨论中，孩子们还总结了以下关于搭建斜坡轨道的经验：

　　第一，和朋友分工合作，有的负责取材料，有的负责搭建。

　　第二，使用厚的积木可以快速搭出高的支撑点。

　　第三，支撑点要按高矮顺序排列。

（三）第三次搭建斜坡轨道
——搭建转弯、爬坡的斜坡轨道

1. 搭建可以转弯的斜坡轨道

　　随着孩子们搭建斜坡轨道经验的积累，他们能够搭建长长的轨道，并让圆球在轨道上持续滚动。可是新的问题也随之出现，一个轨道常会阻挡其他轨道。于是，教师提出问题——可以让斜坡轨道转弯吗？

尝试中，笑笑将两块凹槽嵌在一起，并让下一块凹槽微微转向，搭建了一个略有弯度的斜坡。他试着让圆球在轨道上滚动，圆球却从转弯处跳了出去。于是，他在转弯处放置一块积木做挡板，成功地让圆球在轨道上转弯。

优优拿来一块凹槽，打算将其与上一块凹槽连接起来以实现转弯。她和皮皮多次尝试，转换不同的方向，始终不能将两块凹槽嵌在一起。见此情景，趁皮皮再次尝试的时候，教师将一颗圆球放在轨道上，圆球从上一块凹槽滚下去，跳至下一块凹槽，实现了转弯。优优和皮皮观察发现，两块凹槽并未紧紧连接在一起，上一块和下一块之间有一个缺口，就像一个悬崖。于是，他们不断调整两块凹槽之间的距离，让圆球从上面的凹槽跳至下面的凹槽，实现转弯。之后，孩子们借鉴优优和皮皮让圆球跳崖转弯的方法，又尝试了让圆球多次直角转弯和连续弧形转弯。

> **支持：任务挑战**
>
> 　　通过第一次和第二次搭建斜坡轨道活动，孩子们掌握了基本的搭建斜坡轨道的方法。这时，孩子们需要更具挑战性的任务，以激发他们继续搭建斜坡轨道的兴趣和热情。

图2-11（左上）：笑笑利用挡板实现斜坡轨道转弯

图2-12（中上）：优优和皮皮搭建的断崖式斜坡轨道

图2-13（右上）：芃芃和宥宥搭建的多次直角转弯斜坡轨道

2. 搭建可以让圆球爬坡的轨道

一天，孩子们在做游戏计划时，汤圆提出想要搭建一个可以让圆球爬坡的斜坡轨道，旁边的几个孩子认为不可能实现，因为圆球只会从高处往低处滚动。教师肯定了汤圆的想法和孩子们的推理，并告诉孩子们自己曾在书上看到有哥哥姐姐成功地让小球爬坡了，鼓励孩子们也动手试一试。

汤圆和佳骐合作搭建了一条高低起伏的轨道，像两个小山坡，想让圆球从大的山坡滚下来，翻过小的山坡。不料，圆球靠近小山坡时却停了下来。汤圆分析，可能由于小山坡太高，圆球翻不过去，他试着降低了小山坡的高度。再次尝试，圆球依然在靠近小山坡时停了下来。汤圆认为可能是由于两个山坡之间的距离太长，于是他缩短了山坡间的距离，成功地让圆球爬上了小山坡。

> **解读：**
>
> 让斜坡转弯，孩子们习得了断崖式斜坡的搭建方法；让圆球爬坡，孩子们感知了物体的惯性，感受了斜坡坡度、圆球速度和轨道距离之间的关系。

图 2-14：汤圆和佳骐合作搭建的可以让圆球爬坡的轨道

经过交流讨论，孩子们总结出搭建让圆球爬坡的轨道要点：

第一，搭建两个山坡，一个高大、陡峭，一个矮小、平缓。

第二，两个山坡之间的距离不能太长。

四、拓展与延伸

孩子们搭建斜坡轨道的经验日益丰富，教师试图引导孩子们运用这些经验，解决生活中的实际问题。由于幼儿园的沙池和水源有一定距离，每次玩沙水游戏时，孩子们需要用小桶提水到沙池中。教师提议搭建斜坡轨道将水引至沙池，得到孩子们的一致赞成。欢呼雀跃中，孩子们开始行动起来。

可是，由于饮水轨道太长、后半部分没有坡度、凹槽之间出现缝隙等原因，水未能流到沙池。经过改造，孩子们调整了轨道的路线，将弯曲的轨道变得笔直，缩短了轨道的长度。同时，检查凹槽的连接方式，将上一块凹槽压在下一块凹槽里，避免出现缝隙，成功地将水引至沙池。

图2-15：改进前的引水轨道    图2-16：改进后的引水轨道

五、STEM要素分析

S（科学）	地心引力	圆球从斜坡高处往低处滚动
	物体的惯性	圆球离开轨道后，仍会继续向前滚动一段距离
	结构的稳定性	重心越低，结构越稳定； 接触面越大，结构越稳定； 支点越多，结构越稳定

T（技术）	搭建稳固的斜坡轨道	调整支撑点的结构：增大接触面、增加支撑点、降低重心等方式
E（工程）	搭建斜坡轨道	搭建可以让圆球持续滚动的斜坡轨道；搭建可以让圆球转弯、爬坡的斜坡轨道
M（数学）	测量	测量工具：积木； 测量方法：自然测量； 测量数据：数据的读取与记录
	量的比较	轨道支点之间的高度比较； 各支撑点使用积木数量的比较； 圆球滚动速度、距离的比较
	空间方位	圆球滚动的不同方向，如：向前直线滚动；向左、向右转弯；向上、向下滚动

六、项目活动网络图 ✿

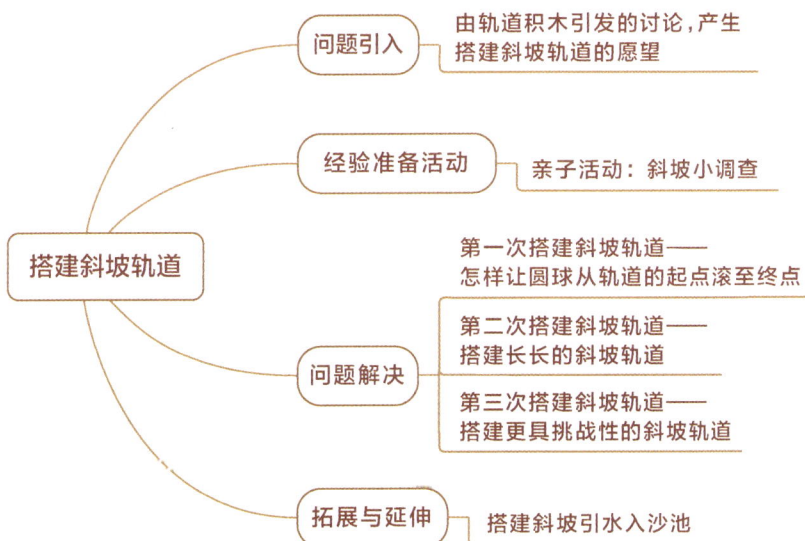

搭建斜坡轨道
- 问题引入 —— 由轨道积木引发的讨论，产生搭建斜坡轨道的愿望
- 经验准备活动 —— 亲子活动：斜坡小调查
- 问题解决
  - 第一次搭建斜坡轨道——怎样让圆球从轨道的起点滚至终点
  - 第二次搭建斜坡轨道——搭建长长的斜坡轨道
  - 第三次搭建斜坡轨道——搭建更具挑战性的斜坡轨道
- 拓展与延伸 —— 搭建斜坡引水入沙池

七、幼儿发展评估 ✿

发展指标	发展评估 （用 1~3 颗星星表示发展水平）
1. 能基本完整地讲述自己搭建斜坡轨道的方法和遇到的问题	
2. 喜欢和同伴一起搭建斜坡轨道，并让圆球在斜坡上持续滚动	
3. 通过搭建山丘结构的斜坡，尝试让圆球爬坡，初步感知物体的惯性	
4. 搭建过程中愿意接受同伴的意见和建议，动手动脑，积极解决问题	
5. 能对不同的斜坡轨道进行观察比较，发现其相同与不同	
6. 能感知和区分积木的粗细、厚薄、轻重等量方面的特点，并用相应的词语描述	
7. 能使用上下、前后、中间、左右等方位词描述积木的位置与圆球的运动方向	
8. 能用绘画的方式记录自己设计或搭建的斜坡轨道	

八、项目活动思考 ✿

　　搭建斜坡轨道，从孩子们熟悉又感兴趣的建构活动开始。通过运用已有的建构经验，不断调整斜坡的搭建方式，从工程角度解决小球连续滚动、转弯、爬坡等问题。这是一个多种经验整合、运用的过程，而不仅仅是单一问题的思考探索，给孩子们带来了新的体验，让他们在调整、思考和再实践的过程中不断有新的发现。中班孩子解决问题的经验相对较少，需要教师通过具体的提问、讨论等引导活动深度推进。活动中教师以具体的问题为导向，每一次任务都紧扣一个关键问题，如："怎样让圆球从轨道的起点滚至终点？""可以让轨道变得更长吗？""怎样让轨道转弯？"等，将任务转换为具体的问题，引导幼儿通过解决问题完成任务。

当孩子们能够用他们自己搭建的轨道把水引入沙池时，那种溢于言表的自豪感让我们看到了这个项目活动的价值。一个好的活动不仅仅应该让孩子觉得有趣，更应该让孩子们体会到它是有意义的、有用的，这种有用是真实存在的，是可以带给孩子们直观体验的，是服务于他们的游戏和生活的。

通过阅读《与幼儿一起学习 STEM：用斜坡和轨道开展探究性教学》和此次中班项目活动的开展，我们认为斜坡与轨道的项目活动在小班、中班、大班都可以开展。针对不同年龄段孩子的经验水平，活动的材料准备、场地选择和探究点也应有所不同。

	小班	中班	大班
活动材料	多种尺寸的纸箱，30 CM×60 CM 的垫子，小号皮球	炭烧积木，30 CM、50 CM、70 CM 和 1 M 长的凹槽，直径约为 5 CM 的圆球	炭烧积木，30 CM、50 CM、70 CM 和 1 M 长的凹槽，可按幼儿意愿切割和打磨的竹筒或 PVC 管，直径约为 5 CM 的圆球，毛线、轻黏土、透明胶等辅助性材料
活动场地	宽敞、明亮的室内或户外空间	宽敞、明亮的室内或户外空间，圆弧形走廊	宽敞、明亮的室内或户外空间，圆弧形走廊，标有标记的固定小空间
探究点	1. 搭建斜坡轨道； 2. 搭建更长的斜坡轨道	1. 搭建斜坡轨道； 2. 搭建更长的斜坡轨道； 3. 让轨道转弯； 4. 让圆球爬坡	1. 搭建斜坡轨道； 2. 搭建更长的斜坡轨道； 3. 让轨道转弯； 4. 让圆球爬坡； 5. 在固定空间内搭建多层螺旋轨道

项目组教师：王　赟　蒋　琦

项目三 · 中班 ·

Dajian Fangwu

搭建房屋

一、问题引入

在"社区大家庭"的主题活动中，教师引导孩子们从社区的人、物两个维度进行探索。孩子们被社区里高大、形状多样的建筑所吸引，在游戏中喜欢用积木搭建房子。可是，搭建好的房子不能移动，而且容易倒塌，不便于长期保留，这让孩子们很失落。这段时间，正值光电所园区内扩建食堂，孩子们每天上学放学从食堂旁经过，产生了搭建美观且牢固的房子的想法。

对孩子们来说，搭建房子，不仅需要与同伴分工合作，交流自己的想法与感受。还需要对已有经验进行整合，对材料进行创造性的使用。他们将会在科学、技术、工程、数学等多领域获得以下相关经验：

◆ 科学：了解房屋的结构，感知结构的稳定性、不同材料的隔热特性。

◆ 技术：利用轻黏土、积木块等材料，搭建稳固且美观的房子。

◆ 工程：房屋样式的设计与规划、搭建房屋。

◆ 数学：几何图形、立体空间在生活中的妙用。

为此，教师计划通过引导孩子阅读与房子有关的书籍和观察社区中的建筑，进行经验铺垫，选择适宜的材料，尝试搭建美观又牢固的房子。

二、经验准备活动

（一）区域活动：阅读科普图画书

活动区角：语言区。

材料准备：科普图画书《伟大的建筑师》《你的家，我的家》《各种各样的房子》《房屋》等。

指导要点：

1. 引导幼儿阅读与房子有关的科普图画书，了解房屋的结构、常见的建筑材料等。

2. 引导幼儿在集体中交流分享阅读中的发现。

获得经验：

1. 知道房屋的主要结构有：稳固又结实的地基、牢固的墙体、防水的屋顶以及便于通风的门和窗。

2. 知道修房子需要挖土机、推土机以及吊塔等建筑工具。

3. 建筑工人要按照设计师的设计图来修建房屋。

（二）亲子活动：观察社区建筑

材料准备： 纸、笔和拍照设备。

指导要点：

1. 帮助幼儿明确观察的内容：建筑的形状、使用材料，鼓励幼儿和家长一起讨论建筑的修建方式。

2. 鼓励幼儿和家长一起用纸、笔或手机、相机等拍照设备，记录所观察的建筑。

获得经验：

1. 观察到房屋有多种多样的造型。

2. 了解到修建房屋常用的材料有：砖、水泥、钢筋、木头、竹子等。

3. 知道了砖头错缝排列的垒高方法。

图 3-1：宸宸发现的像城堡一样的房子，屋顶是三角形的

图 3-2：豆豆观察了成都地标性建筑"环球中心"，发现墙体是四四方方的，屋顶是弧形的

图 3-3：肝肝在公园里发现的用竹子建的房子

图 3-4：沛沛和妈妈参观建筑工地，发现砖头是上下错缝排列的

三、问题解决 ✿

（一）第一次搭建活动
——搭建房子的墙体

1. 选择搭建墙体的材料

　　基于前期经验的积累，孩子们收集了石头、积木、树棍等材料用以搭建墙体，又找来双面胶、透明胶、绳子和轻黏土等辅助材料用以粘贴固定。教师请孩子们分成小组，分别尝试用不同材料、不同的固定方式搭建墙体。

解读：
　　幼儿科学学习的核心是直接感知、动手操作与亲身体验。
　　幼儿迁移生活中的经验，收集了多种材料，通过动手操作，选择出适宜修建墙体的材料。

实验材料	粘贴材料	实验情况
石头	双面胶	难以粘贴
	透明胶	难以粘贴
	轻黏土	难以粘贴
积木	双面胶	容易松动
	透明胶	容易松动
	轻黏土	粘贴牢固
树棍	绳子	站立不稳

通过尝试，孩子们得知：木棍、石头都难以固定，积木是最适合搭建墙体的材料，而最佳的固定方式则是用轻黏土进行粘贴。他们认为积木好比修房子用的砖，轻粘土好比水泥。

2. 搭建房子的墙体

教师请孩子们讨论在搭建墙体时需要注意什么，孩子们提出：要用上下错缝的方式进行粘贴固定；选用的积木宽度要一致；叠高时每一层的积木要对齐。教师又请孩子们思考怎样修建门和窗，孩子们回想在光电所食堂旁工地的发现：门和窗需要在修建墙体时预留空间。

搭建过程中，孩子们有的搓轻粘土，有的粘合木块。不一会儿，多多和辰辰搭建了一面高高的墙体，而小远和多吉同时搭建四面墙体。小远提醒多多和辰辰房屋有四面墙，辰辰和多多表示他们先修好一面墙，再接着修第二面、第三面和第四面墙。哪种方法更好？

孩子们继续进行搭建，经过尝试和对比，多多和辰辰发现先搭高的一面墙不太稳定，墙体在搭建过程中容易倒塌，而同时搭建四面墙体的方法，不仅稳定也更方便搭建。于是，他们都赞同使用四面墙体同时搭建的方法。

解读：
　　同伴模仿是幼儿常见的学习方式之一。
　　辰辰和多多在使用自己的修建方法时遇到问题后，自然而然地借鉴了同伴的方法——同时搭建四面墙体。

图3-5（上左）：孩子们在泡沫垫上搭建四周的墙体

图3-6（上中）、3-7（上右）：孩子们用错缝的方法搭建墙体，并预留了门和窗户

（二）第二次搭建活动——搭建屋顶

1. 选择适宜的屋顶材料

　　搭建好房屋的墙体，孩子们着手准备搭建屋顶。用什么材料搭建屋顶呢？生活中，孩子们发现有用瓦片、塑料布、木板、钢筋混凝土、稻草等修建的屋顶。孩子们想用KT板、泡沫、报纸、布、木板、塑料、玻璃等材料来进行搭建。

　　（1）讨论房屋材料的特性

　　哪种材料更适合做屋顶？选择屋顶材料时，需要考虑哪些因素？孩子们还需要进行探索。幼儿园的房屋是孩子们接触最多的建筑，最能带给孩子们直观的感受，教师决定在生活中丰富孩子们在幼儿园中的居住体验，从而引导孩子们思考选择屋顶材料时所需考虑的因素。

炎热的午后，教师带领孩子们到幼儿园的各楼层散步，孩子们发现室内比走廊凉快，一楼比三楼凉快。下雨时，教师带领孩子们在幼儿园各楼层观察，感知屋顶防水、遮挡风雨的重要性。

在观察、体验的基础上，经过讨论，总结出选择屋顶材料时需要考虑的三个要点：第一，需要防水，能遮风挡雨；第二，能够遮挡光线，避免屋内光线太强；第三，隔热性好，让屋内凉爽、舒适。

（2）实验对比，选择适宜的材料

梳理了选择屋顶材料所需要考虑的因素，教师请孩子们结合生活经验，从之前搜集来的材料中筛选出既防水又遮光的材料，如 KT 板、泡沫、木板、塑料、玻璃等。接着，引导孩子们进行隔热实验。

实验方法：将搭建好的墙体放置在阳光下，把材料盖在墙体上，形成一个封闭的房屋。将温度计放在房屋内，待 30 分钟后取出，读出温度计的度数并记录，比较度数的高低，度数越低说明隔热性越好。

支持：丰富体验

从幼儿身边的建筑着手，带领幼儿观察、比较幼儿园的不同楼层在下雨、炎热等情况下的真实感受，引导幼儿对于屋顶材料的关注与思考。

教师与幼儿一起梳理、总结选择屋顶材料所要考虑的关键因素，帮助幼儿有针对性地进行材料选择。

支持：实验验证

通过对材料特性的分析，先排除部分材料，然后以实验对比的方式，最终选择最适宜的材料。

图 3-8：孩子们用木板和泡沫做屋顶的隔热实验　　图 3-9：孩子们记录的实验结果

实验结果：

	KT板	泡沫	木板	塑料	玻璃
实验结果	43℃	46℃	38℃	41℃	44℃

通过对比，孩子们认为木板最适合作屋顶材料，最终仅选择了木板。

2. 修建屋顶

当孩子们准备用木板修建屋顶时，却发现在大小上适合做屋顶的木板数量极少。鉴于此，教师引导孩子们探索还有哪些隔热的方法。孩子们通过在生活中观察、与爸爸妈妈查阅资料、集体讨论等方式，搜集到三种隔热的方法，如在屋顶上种植植物、在屋顶修建一个既降温又好玩的游泳池、给屋顶安装反光条等。

> 支持：拓展经验
>
> 以实地观察和查阅资料的方式，探索屋顶隔热的方法。

于是，孩子们增添了KT板、泡沫等材料搭建屋顶。他们有的设计了三角形的屋顶，以便于排水；有的将多块KT板进行组合，搭建出造型独特的屋顶。最后，在屋顶上贴上一些藤蔓，给房屋降温。

图 3-10、3-11、3-12、3-13：孩子们修建的各种屋顶

四、拓展与延伸 ✿
搭建社区

　　房子建好了，孩子们常常围在作品展示区欣赏和介绍作品。结合"社区大家庭"主题的推进，教师请孩子们尝试进行社区的搭建。孩子们计划在社区里搭建住房、购物中心、学校等，用多米诺骨牌铺路，用原木色积木做围墙，用纸板、纸筒制作花、草、树等。

　　搭建中，他们先做好围栏，再将已建好的房子放置在围栏里；接着，铺设马路；最后，用花、草、树等做装饰。在大家的共同努力下，社区建好了，孩子们将其命名为"光电社区"。

图 3-14：孩子们搭建的"光电社区"

五、项目活动网络图 ✿

搭建房屋
- 问题引入 —— 主题活动"社区大家庭"的开展，引发幼儿搭房屋的想法
- 经验准备活动
  - 区域活动：阅读科普图画书
  - 亲子活动：观察社区建筑
- 问题解决
  - 第一次搭建活动——搭建房屋的墙体
  - 第二次搭建活动——搭建屋顶
- 拓展与延伸 —— 搭建社区

注：——为教师预设；……为幼儿生成

六、STEM 要素分析 ✿

S（科学）	房屋的结构	房屋由墙体和屋顶两部分构成
	材料的性能	探究材料的防水性与隔热性，选择适宜的材料搭建屋顶
T（技术）	材料、工具使用	使用轻粘土粘合木块；用双面胶、硅胶枪固定屋顶；用温度计测量房屋内的温度
E（工程）	搭建房屋和社区	选择适宜的材料，搭建房屋的墙体和屋顶；选择适宜的材料做屋顶
M（数学）	几何图形、空间方位	感知房屋的形状和空间
	数学符号	读取温度计的度数并记录

七、幼儿发展评估

发展指标	发展评估 （用1~3颗星星表示发展水平）
1. 对修建房屋及社区的活动感兴趣	
2. 了解房屋的主要结构，墙体和屋顶	
3. 能基本完整地讲述自己搭建房屋所使用的方法	
4. 能通过迁移生活经验、实验和对比，筛选适宜的材料搭建墙体和屋顶	
5. 探索将墙体搭建稳固的方法，如错缝排列	
6. 初步学习使用温度计，并尝试进行数据读取与记录	
7. 在与同伴讨论问题时，大胆表达自己的想法	
8. 敢于尝试有一定难度的活动和任务，如搭建墙体和房顶	

八、项目活动思考

　　用积木搭一个房屋，在中班孩子的建构游戏中是比较常见的。但是怎样在建构的同时启发孩子们的思考，让他们打破常规思维，形成新的经验认识，这是教师需要不断思考的。

　　1. 充足的经验铺垫能引发幼儿主动思考。基于前期的建构经验，孩子们进行房屋搭建时首先会选择积木。为了让孩子们选择的材料更加多样，项目活动之前，教师在区域里投放了各种搭建材料（纸箱、纸板、石头等），通过科普图画书分享、亲子调查表等让孩子们了解了各种各样的房子以及适合搭建房子的材料，并进行对比实验选择最佳材料。这个

过程是孩子们主动学习的过程，也丰富了孩子们的经验，让他们搭建时对材料的选择不再局限于一种，而是多种材料的组合。

2. 将搭建与解决实际问题相结合，启发创新思维。在实际生活中，孩子们都有亲身的感受，夏天的房屋有的很热，有的却很凉快，为什么会这样？教师引导孩子们进行了初步的探索，并以"什么样的屋顶更隔热？"这一问题引发孩子们对于屋顶材料的新思考，进而进行不同材料的隔热实验，并进行观察记录、数字比较，得出结论。这样的活动让孩子们的思维不仅停留在已有经验上，更带给孩子们新的思考角度，从实际生活出发，又解决了生活中存在的问题。

项目组教师：万立莲　吴玉凤　袁　信

项目四

· 中班 ·

Zoujin

走进皮影戏

Zoujin Piyingxi

一、问题引入 ❀

在开展"光与影"的主题活动时，教师预设了一系列的活动，如：影子是如何产生的？影子与光源之间的关系等。但是一次科技馆的秋游活动却"打乱"了教师的主题活动计划。在参观中，孩子们观看了皮影戏，他们对皮影戏产生了浓厚的兴趣，也想玩一玩皮影游戏。了解到孩子们的需求，教师就把"皮影戏"的活动提上了日程，但是问题来了：表演皮影戏需要做哪些准备？孩子们对此一无所知。表演皮影戏需要制作道具、选择场地、准备节目等等，一个关于皮影戏的项目活动呼之欲出。为此，我们进行了活动前的思考，在这个活动中，孩子们将可能在科学、技术、工程、数学等方面获得以下经验：

◆ 科学：材料的稳定性、透光性，光源与影子之间的关系。

◆ 技术：材料之间的连接、固定以及工具的正确使用。

◆ 工程：皮影戏架子的搭建，制作皮影戏表演需要的道具，规划设计皮影戏表演的内容。

◆ 数学：测量、空间关系、统计与数字比较。

二、经验准备活动 ❀

（一）亲子活动：皮影戏小·调查

皮影戏表演，首先需要孩子们对皮影戏有所了解，其次是厘清表演所需要准备的材料及道具。为此，教师请孩子们在爸爸妈妈的陪伴下，通过观看皮影戏表演、查阅资料、向他人请教等方式，进行一次皮影戏小调查。

在调查后的交流讨论中，孩子们总结了以下经验：

1. 皮影戏表演要有光源。

2. 要有幕布，影子是投在幕布上的。

3. 表演皮影戏需要有一个架子把幕布撑起来。

4. 表演皮影戏需要一些道具,如皮影戏里的角色人物及花、草、树等背景。

（二）集体教学活动：测量

活动目标：

掌握测量的方法,能用首尾相连的方法测量物体的长度。

活动准备：

《一寸虫》绘本课件、用纸做的一寸虫、知更鸟、巨嘴鸟等图片。

活动过程：

1. 以绘本《一寸虫》导入,引发幼儿对测量的兴趣。

2. 幼儿操作,尝试测量。

关键提问：你用了几条一寸虫测量知更鸟的尾巴?你是怎么测量的?引导幼儿说出首尾相连的测量方法。

3. 拓展与延伸：利用一寸虫测量生活中的物品,运用测量的经验。

经验获得：

1. 能选择适当的材料,用首尾相连的方法测量出物体的长度,如纸的长度等于8块积木首尾相连的长度。

2. 能用硬尺测量纸的长度、架子的长度等。

三、问题解决

选择材料、设计制作……看来,要想完成一次皮影戏表演不是一件简单的事情,先从

哪里开始好呢？孩子们讨论后一致认为，制作幕布是最简单的。于是，幕布的制作活动开始了。

（一）什么材料适合做幕布

在幕布的选择上，孩子们经过了一番激烈的讨论，他们先想到了生活中经常见到的材料，并和教师在教室里一起找了出来。

裴裴说："可以用卫生纸。"他拿来几张卫生纸，将它们拼接在一起。悦悦说："纸需要厚一点的，我们可以用搭帐篷的白纸。"但裴裴坚持用卫生纸。

文文拿来孙悟空的玩具在卫生纸幕布后开始表演。刚玩一会儿，幕布就坏了。针对这个问题，孩子们进行了讨论：泡泡觉得可以再用卫生纸粘上去，而悦悦说太浪费了，泡泡想到将卫生纸换成硬一点的A4纸，萌萌说可以找废旧的布来当幕布。

就这样，孩子们自行分成了两组进行实验：

第一组的孩子们找来纸片，他们将8张A4纸以上排四张，下排四张的方式粘在一起。表演开始，六个孩子分工合作，两个孩子拿幕布，一个孩子拿电筒，剩下三个孩子负责表演。在A4纸做的幕布上孩子们能很清晰地看到他们的表演，幕布制作成功，他们高兴极了。泡泡觉得粘在一起的A4纸和老师做海报用的铜版纸很像，人家觉得使用铜版纸更方便，于是找来了铜版纸进行尝试。

第二组的孩子们找来了三种废旧的布：第一种，一面蓝花，一面白色的床单；第二种，粉色纱巾，上面有粉色波点；第三种，淡蓝色纱巾。

解读：
　　在选择材料的时候，由于对材料特性的认识并不是很准确，孩子们尝试了几种不同的材料，这个发现问题、讨论交流的过程也是对材料特性探索的过程。

图 5-1：孩子们开展探究纸的透光性的实验

图 5-2：孩子们探究各种材料的透光性

教师请孩子们上台讲讲自己选的材料，并进行演示。孩子们发现：

蓝色花纹床单：彩色的，太花了，看不清影子。

粉色纱巾：太透了，也看不清。

针织衫和外套：能看见影子，但衣服太小了，不便于表演。

在幕布选择的过程中，孩子们对材料的透光性有了一定的经验认识。他们最终选择了透光性比较好，又能在幕布上产生影子的铜版纸。在实验的过程中，孩子们也发现了一些问题，如：

解读：

孩子们在实践操作中发现了问题，推动着活动的持续深入开展。

1. 拿幕布的孩子也想看表演，扭来扭去，导致幕布拉不直。

2. 拿灯的孩子找不到合适的距离，与表演的孩子之间的站位出现了问题。

于是孩子们提出问题：有什么办法能将幕布固定下来？通过再次观看皮影戏，孩子们一致认为搭建一个皮影戏台可以解决上面的问题且很有必要。

（二）固定幕布的架子如何搭建

孩子们在班级中找到了各类搭建架子的材料，个个跃跃欲试，想用这些材料大干一场。可是，在皮影戏台材料的选择和搭建问题上，孩子们出现了分歧。由于收集到了丰富多样的材料，所以出现了诸如"PVC 架子 VS 积木架子 VS 纸箱架子""先贴幕布再固定皮影戏台 VS 先固定戏台再粘幕布"等不同的想法。孩子们各执己见，尤其是当有同伴和自己有同样的观点时，他们更加坚持自己的想法，深信自己能成功。教师并没有否定孩子们的想法，而是将同样观点的孩子分为一组，给他们亲身实践的机会，亲自去验证自己的想法。

> **支持：分组实践**
>
> 教师把握住孩子们的分歧时刻，鼓励孩子分成几个小组进行亲身实践，在探究中验证自己的想法，在探究中进行发现。

图 5-3：绘制皮影戏架子设计图    图 5-4：尝试用积木搭建皮影戏架子

孩子们的发现：

Lucas："木头玩具的棍子太短，螺丝帽固定后容易倾斜，做皮影戏的架子不稳定。"

丁丁："雪花片是圆形的，每个雪花片之间是可以固定起来的，但站不稳，也不方便表演。"

瑜瑜："PVC 管能搭好皮影戏舞台，但是我们要根据架子的大小想好需要用多少弯管、直管、连通管等。"

> **解读：**
>
> 孩子们在与材料的互动过程中，检验他们的猜测，发现材料的特性，对架子的稳定性有了初步的思考。

灏灏："纸箱也是可以成功的，它能稳稳地立在地上，还有足够的空间进行表演！"

通过实践操作后，孩子们发现了"固定不牢固""大小不合适""皮影效果不明显"等问题。通过讨论，孩子们改变了想法："先把皮影架子固定好再贴幕布，会更方便""PVC管、箱子比积木材料更适合用来当积木架子，因为积木材料容易散落，不易固定""幕布材料要透明，太厚了皮影看不清""用绳子、透明胶布固定好皮影戏架的连接处"。

最终，大家再次进行了讨论，归纳出了搭建皮影台的大致步骤。

第一步：收集好所需的材料；

第二步：用PVC管、箱子搭建好皮影戏台（用绳子、透明胶固定）；

图5-5：尝试用PVC管搭建皮影戏架子

图5-6：用纸箱搭建的皮影戏架子

第三步：用尺量皮影戏台的大小，量出并裁剪出适当大小的铜版纸；

第四步：粘贴幕布（师幼、幼幼合作），简单的皮影戏台搭建完毕。

解读：
　　这个环节孩子们重点突破的是搭建皮影台及幕布的粘贴问题，孩子们充分运用生活中的已有经验，不断尝试、调整、改进，他们在发现问题、解决问题的过程中逐步形成了搭建皮影戏台的直接经验，他们还通过测量、裁剪、粘贴等制作了皮影戏的幕布，孩子是有能力的学习者。

中班·
项目四　走进皮影戏
Zoujin Piyingxi

45

图 5-7：测量皮影戏幕布的尺寸 　　图 5-8：粘贴皮影戏的幕布

当然，在这个过程中，孩子们也遇到了很多问题，比如如何判断什么材料搭建戏台比较稳固、如何进行材料的测量等。教师针对这些问题组织了集体教学活动，如"什么材料搭建戏台比较稳固""有趣的测量""量一量"等。孩子们在这个过程中习得了测量的相关经验，掌握了测量的不同方法，并能将习得的经验运用到幕布的剪裁过程中。同时，他们也在实验、比较的过程中习得了如何让戏台更稳固、稳定性的结构具备什么样的特点等经验。之后为了让皮影戏台看起来更加漂亮，孩子们还和教师一起进行了皮影戏台的包装和美化。

支持：集体教学

当在项目活动中遇到孩子们存在的共性问题时，教师可以开展集体教学活动，一方面引起孩子们的进一步思考，另一方面形成共同经验，为解决后续问题，奠定基础。

（三）表演什么节目

解决了幕布和皮影戏台的问题，孩子们开始讨论他们需要表演的节目，对于如何解决这个问题，孩子们有着统一的意见——投票。大家把想表演的内容都列出来，然后进行投票，谁得到的票数多就选择表演什么。

解读：

投票是孩子们经常会运用到的解决问题的办法，也蕴含了统计、数学符号、数字比较等数学核心经验。

故事	票数	为什么？
	8	小红帽很勇敢，里面有大灰狼和外婆，做皮影比较容易
	7	苹果种子的故事里只有苹果，不好玩
	4	猴子是朵拉最好的朋友，可是我们都没有听过朵拉的故事
	P	孙悟空和猪八戒都很有趣，特别好玩，而且可以自己编故事

通过投票，《西游记》所得票数最多，孩子们决定表演《西游记》。

孩子们回顾了故事里的主要角色，如孙悟空、猪八戒、妖怪等，接下来，他们着手制作道具。为了便于项目活动的推进，教师建议孩子们把制作道具、熟悉故事角色等活动放在个别化学习活动中进行。随后孩子们在美工区角进行绘画、裁剪、粘贴，制作了角色的道具。并且，为了美化舞台背景，他们还画了一些小草、小花、小树等作为舞台背景点缀。在孩子制作道具的同时，教师也购买了孙悟空、

支持：融合个别化学习

个别化学习是孩子们巩固提升经验的有效方式，在各个领域的个别化学习活动中，孩子们制作了道具、熟悉了故事的角色内容，探索了光源与影子的关系，获得了经验的整合与提升。

猪八戒等皮影道具，一方面为孩子们制作道具提供灵感，另一方面，让后面的皮影表演变得更加顺利。

然后，孩子们就角色的上场顺序、光源的位置、影子的大小等方面的问题进行了讨论与交流。他们通过熟悉故事内容、梳理故事主要情节等方式，确定了角色的上场顺序；并在科学区进行光影探索活动，巩固加强了影子大小与光源的关系的经验。终于，一切准备就绪，孩子们开心地表演了《西游记》的故事。

图 5-9：制作皮影戏表演的道具

图 5-10：幼儿表演皮影戏

四、拓展与延伸

孩子们在"走进皮影戏"这一活动过程中自己选择皮影戏幕布、搭建舞台、制作道具、表演皮影戏，对皮影戏有了各自的独特认识。他们用自己的方式把整个过程记录下来，完成了自己的科普图画书。在后期的探究中，孩子们又开展了彩色影子的探究，教师也根据孩子们的兴趣在区角中投放了相应的材料，如玻璃纸、彩色光源等。

自制图画书《皮影戏的研究故事》

五、项目活动网络图 ❀

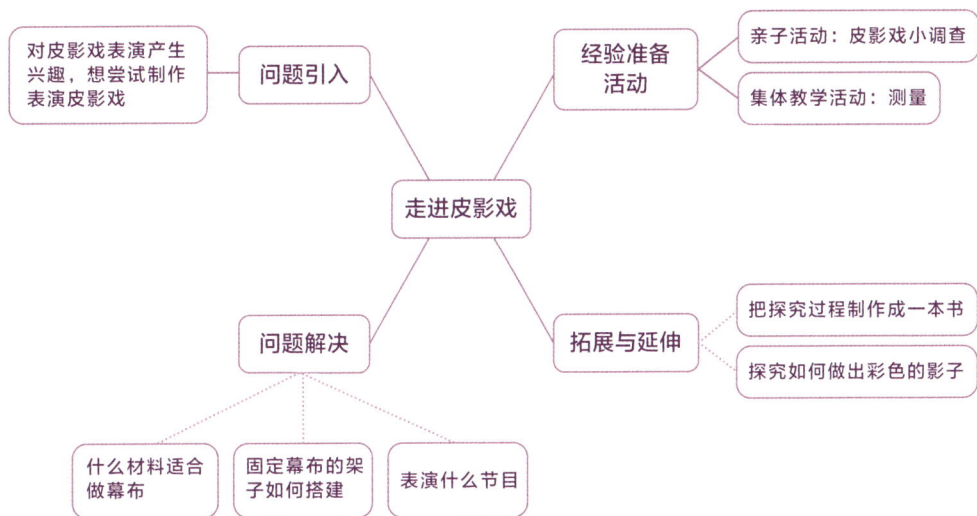

```
对皮影戏表演产生                                   经验准备        亲子活动：皮影戏小调查
兴趣，想尝试制作 ——— 问题引入        活动 ———
表演皮影戏                                                        集体教学活动：测量

                        走进皮影戏

                                                               把探究过程制作成一本书
          问题解决                    拓展与延伸 ———
                                                               探究如何做出彩色的影子

什么材料适合    固定幕布的架    表演什么节目
做幕布         子如何搭建
```

注：——— 为教师预设；……… 为幼儿生成

六、STEM 要素分析 ❀

S（科学）	光影关系 结构稳定性 材料的透光性	1.影子的大小、方位受光源位置的影响； 2.皮影戏架子与地面的接触面积越大，其稳定性越高； 3.不同材质的材料透光性不同
T（技术）	工具与材料的使用	1.使用尺子、剪刀等工具裁剪合适的幕布； 2.用胶布固定皮影戏架
E（工程）	制作皮影戏架； 策划与表演皮影戏	1.选择合适的材料，设计、制作皮影戏架； 2.制作道具
M（数学）	测量、数概念、大小、距离；	1.点数搭建皮影戏表演台所需各种材料的数量； 2.测量幕布、支架尺寸，选择合适大小的材料进行制作； 3.光源与幕布距离远近及影子大小之间的关系

七、幼儿发展评估 ✿

发展指标	发展评估 （用1~3颗星星表示发展水平）
1.能完整、连贯地表述自己了解的皮影戏经验	
2.了解皮影艺术，对民间艺术感兴趣	
3.能合作完成皮影戏表演的准备工作，并解决过程中遇到的问题	
4.能根据结构的稳定性，设计制作适合的皮影戏架子	
5.根据材料的透光性，选择适合的幕布	
6.会使用测量工具，根据皮影架子的框架做出大小合适的幕布	
7.能用统计、比较等方法，决定要表演的皮影戏内容	
8.能根据皮影戏中角色的数量，调整皮影戏台的空间	
9.在与同伴讨论问题时，大胆表达自己的想法和理由	
10.能用绘画、手工等创作方式表演皮影戏的道具	

八、项目活动思考 ✿

　　皮影戏这个具有成都特色的民间艺术深深地吸引了孩子们。孩子们在"选择皮影戏幕布"——"搭建皮影戏台"——"决定表演内容"——"制作角色道具"——"表演皮影戏"的过程中不断成长着。从初步的经验认知到对于材料、光影特性的深度学习，孩子们在课程中表现出来的科学思维、推理分析、判断能力、动手能力和问题解决能力深深地打动着我们。

　　1. 在与材料的互动中推进课程，促进孩子们的能力发展。教师为孩子们提供了各种各

样丰富的材料，推动着孩子们与材料深入地互动，如孩子们在触摸、寻找、选择材料的过程中，对班级现有的材料进行观察、比较和分析，对材料属性进行判断、评估，从而选择出更加适合他们需要的材料；在对纸箱、PVC 管、积木等材料的对比、实验中发现结构的稳定性，对材料有了更加深入的了解。

2. 在课程中培养 STEM 能力。在探究活动中，教师非常注重孩子们 STEM 能力的培养，如工具使用、统计、数据对比分析等，并通过区域活动、自由活动让孩子们在操作过程中不断地运用，为问题解决奠定了基础。

当然，在皮影戏活动开展的过程中，孩子们对光影的秘密也做了深入的研究。他们发现了光源与幕布距离及影子大小之间的关系，还对彩色的影子产生了兴趣……走进皮影戏，走进深度的体验与学习，我们发现了儿童的力量。

项目组教师：王　兵　刘冬梅　万立莲　张厚贵　王　超

项目五

· 大班 ·

风扇转转转

Fengshan Zhuanzhuanzhuan

一、问题引入

2018年暑假期间，在俄罗斯举行的足球世界杯成为全世界关注的焦点，开学后也成为了孩子们津津乐道的话题。教师预设了主题活动"假如世界杯在成都"，引导孩子热爱足球运动，乐意为足球赛事服务。在主题活动开展过程中，孩子们发现一个问题：成都炎热的天气会让观众很难受，甚至中暑。怎样给观众消暑降温？孩子们讲到了很多办法，比如撑太阳伞、喝矿泉水、戴太阳镜，还有些孩子想到制作小风扇，"每个观众都拿一个小风扇，他们就会感觉凉快一些"。大家觉得制作小风扇很有意思，都想要尝试制作。

制作小风扇，需要用电池槽带动小马达上的扇叶转动（如图4-1所示），然后借助辅助材料对电路元件进行固定或支撑。

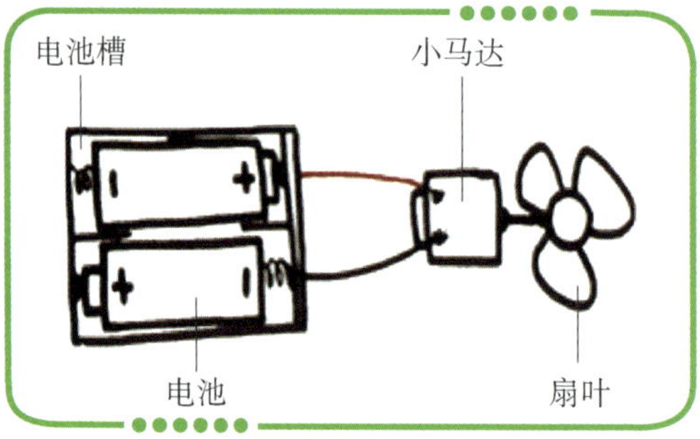

图4-1：小风扇电路组装图

在这个过程中，孩子们将可能在科学、技术、工程、数学等方面获得以下经验：

◆ 科学：了解简单的电路知识。

◆ 技术：熟练运用剪刀、剥线钳等工具；连接简单的电路。

◆ 工程：设计和制作风扇。

◆ 数学：材料的大小、形状和数量。

因此，在孩子们和老师的共同计划之下，老师决定试着带领孩子亲手制作小风扇。

二、经验准备活动

（一）亲子活动：风扇小调查

风扇是生活中常见的家用电器。教师和孩子们讨论，计划开展一次关于风扇的调查活动。讨论中，孩子们最关心的问题是"为什么风扇能转起来？"，于是教师制作了包含"风扇的类型"和"风扇转动的秘密"两个维度的调查表供孩子们使用。

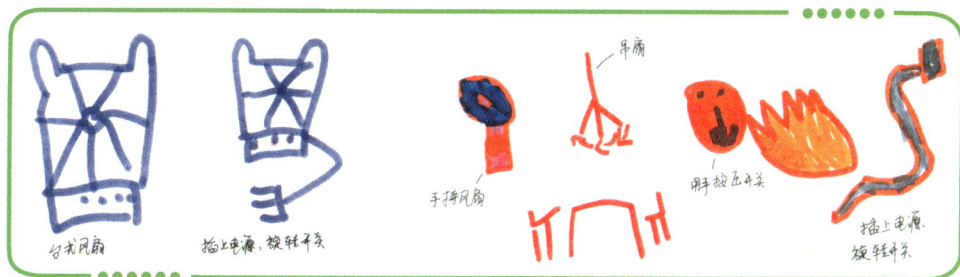

图 4-2、4-3：风扇小调查

指导要点：

引导幼儿观察家庭、商场、超市等不同场所的风扇，并通过与大人交流，了解风扇的类型，探索风扇转动的秘密。

获得经验：

风扇的类型	风扇转动的秘密
常见的风扇有：吊扇、立式风扇、台式风扇、手持小风扇等	天天："我们家里的风扇都需要插电。" 瑞瑞："我妈妈出门的时候带的小风扇不需要插电，打开开关就行了，应该是里面装有电池。" 鑫鑫："我的小风扇需要用手压，压了松开，压了松开，风扇就转了。"

（二）区域活动：拆装小风扇

活动区角：科学区。

材料准备：手持小风扇、改刀。

指导要点：

1. 引导幼儿使用改刀拆装小风扇。

2. 引导幼儿观察小风扇的材料构成和线路连接。

幼儿获得经验：

1. 小风扇的材料构成：外部材料主要有塑料外壳、扇叶，内部结构中有电池槽、电线和小马达等材料。

2. 线路连接的方法：将扇叶插在小马达上，电池槽的两根电线分别连接在小马达的两个小孔里。

三、问题解决

（一）第一次制作小风扇
——让扇叶转起来

1. 制作风扇需要什么材料

通过亲子调查和拆装小风扇，孩子们对小风扇的结构、材料和转动的秘密有了初步的了解。制作小风扇需要准备什么材料？大家一起讨论，梳理出材料清单：

孩子们在区角中收集的材料	需要老师帮忙准备的材料
KT板、光碟、纸杯、纸筒、小珠子（装饰物）、小棒、超轻黏土、电子积木等	小马达、扇叶、电池、电池槽、电线、剥线钳

2. 让扇叶转起来

材料准备就绪，孩子们尝试制作。他们先将扇叶安装在小马达上，再将小马达和电池

槽连接起来，安上电池，打开开关，一部分孩子的扇叶成功地转动了起来，另一部分孩子的风扇却没有转动。

由于小马达的孔很小，连接电池槽和小马达并非一件容易的事情。喵喵好不容易将铜丝穿进小马达孔，可一不小心就掉了出来，她再次将铜丝穿进小马达孔，可没过多久，又掉了出来。乐乐连接好线路，可扇叶也一动不动。润润被吓了一跳，她的铜丝竟然冒出了火花，教师赶紧帮她关上开关。

教师发现，铜丝连接不稳、电路短路是孩子们在操作中遇到的共性问题，便组织孩子进行交流，商讨解决的办法。

57

问　题	解决办法
问题一：连接不稳（铜丝容易脱落）	虫虫："铜丝穿过小马达孔后，把它折回来再拧紧。" 天天："如果铜丝太短了，需要用剥线钳剥出更长的铜丝。"
问题二：电池发烫／铜丝冒火花	乐乐："电池发烫和电线冒火花，都是短路了。需要马上关掉开关。" 天天："如果正极和负极的线碰到一起了，就会短路。" 润润："可是我的铜丝有很多分叉，两边（正极和负极）就是要碰到一起。" 虫虫："用手指先把铜丝捋一捋，把它们就拧在一起就好了。" 天天："把铜丝穿过小马达后，还可以用绝缘胶布粘一粘，正极和负极就不会碰到一起了。"
问题三：扇叶不转	喵喵："要检查一下线路，看看电线有没有掉。" 睿睿："有可能电池没电了，换对电池试试。" 润润："还要检查一下电池槽、扇叶有没有问题。"

讨论后，孩子们有的检查线路故障，有的更换电路元件，有的使用剥线钳剥线，有的用绝缘胶粘贴电线……

在使用剥线钳时，孩子们常将铜丝剪断。教师向孩子们演示了剥线钳的使用方法：调整剥线钳上控制松紧度的按钮，然

解读：

在前期的背景经验活动中，孩子们通过拆装小风扇，了解了小风扇的电路结构。因此，在材料准备好后，孩子们可直接尝试制作。

支持：集体交流

抓住孩子们的共性问题，展开讨论，帮助孩子们在同伴交流中找到解决问题的办法。

注释：剥线钳

用来剥除电线表面绝缘层的工具。

后用废旧的电线尝试剥线，不断调整力度的大小，直至顺利地剥出铜丝。一番尝试之后，孩子们的扇叶都成功地转动了起来。

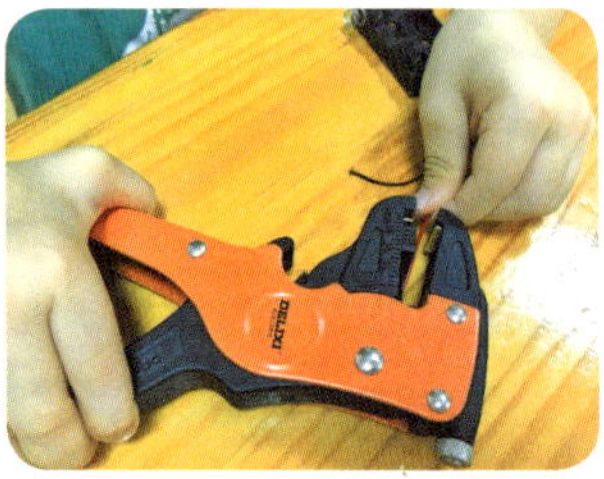

图 4-4：用剥线钳剥线 　　　图 4-5：连接电池槽与小马达 　　　图 4-6：安装扇叶

扇叶的成功转动令孩子们兴奋不已。他们找来 KT 板、珍珠泥、纸筒、光盘、纸板等材料对小风扇进行固定和装饰，风扇变得更漂亮、更有型了。

图 4-7：高塔风扇 　　　图 4-8：雪花风扇 　　　图 4-9："章鱼"风扇

视频：让扇
叶转起来

（二）第二次制作小风扇
——探索风向与风力

1. 为什么风扇的风向不一样

　　小风扇制作好后，孩子们喜欢凑在一起，比比谁的风大。这天，他们一边比较，一边感叹着："我的风好大！""我的风比你的风大。""我们的风都很大，好凉快呀！"

乐乐和喵喵却很不开心，因为大家都说他们的风扇风很小。看到他们沮丧的样子，几个孩子围在一起，想要帮助他们。天天提出是不是扇叶有问题，乐乐更换了一个扇叶，但风还是没有变大。虫虫伸手打算拿起乐乐的风扇仔细看一看，靠近时却意外地在扇叶的背面感觉到了很大的风。

大家很疑惑，为什么风的方向不一样？教师鼓励孩子认真观察乐乐、喵喵的两个小风扇和大家的小风扇线路连接有什么不同。孩子们发现：乐乐和喵喵的电池槽负极接小马达左边孔，正极接小马达右边孔，而其余电池槽的正极接着小马达左边孔，负极接着小马达右边孔。于是，乐乐和喵喵调整了连接的方法，打开开关，小风扇也产生了很大的风。大家发现，小马达上虽然没有正负极的标识，然而，电池槽正负极与小马达连接的方向不一样，扇叶转动的方向也不一样。

2. 如何增强风扇的风力

孩子们乐此不疲地比较风力的大小，他们努力地向扇叶凑近，以感受到更强的风。见此，教师提出问题："还有什么办法可以增强风扇的风力？"引导孩子们不只着眼于距离的远近，开始积极地想办法。

睿睿觉得硬的扇叶产生的风应该比软扇叶的风大，于是他将软的扇叶更换成了硬的扇叶；润润发现扇叶的叶片数量是不一样的，她认为肯定是叶片越多风越大，便挑选了一个 4 个叶片的扇叶安装上去。

注释：

图 4-11（左上）：电池槽正极连马达孔左边，扇叶顺时针方向转动，风在扇叶前面。

图 4-12（右上）：电池槽负极连马达孔左边，扇叶逆时针方向转动，风在扇叶背面。

支持：抛出问题

孩子们对风力大小产生了兴趣，但对风力大小的认知局限于人与扇叶距离的远近。

教师抛出问题，引导孩子们探索增强风力的方法。

图 4-10：科学区中的扇叶，叶片软硬程度、数量有所不同

　　乐乐认为用两个电池槽带动一个小马达，扇叶应该可以转得更快，就会有更大的风了，他试着再增加一个电池槽。虫虫、鑫鑫和天天认为，增加扇叶的数量，小风扇的风肯定能变大。鑫鑫在扇叶的后面又粘贴了两个扇叶。虫虫回想起以前玩齿轮的经验，认为可以用一个扇叶带动其他扇叶转动起来，他请乐乐、鑫鑫各自手拿一个扇叶，去靠近正在转动的扇叶。果然，乐乐和鑫鑫手上的扇叶也转动起来了。天天拿来新的扇叶和电线，把它们和小马达连接在一起，用一个电池槽带动了四个扇叶同时转动。

　　操作中，孩子们想到了很多办法，他们认为这些办法都可以增强风力。其中，更换扇叶最为简单，但使用硬扇叶时需要注意安全，风扇转动时不能靠扇叶太近，以免被刮伤；

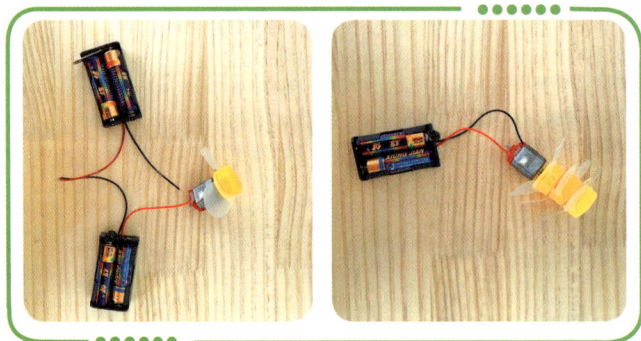

图 4-11（左上）：乐乐用两个电池槽带动一个小马达

图 4-12（右上）：鑫鑫将三个扇叶粘在一起，使其同时转动

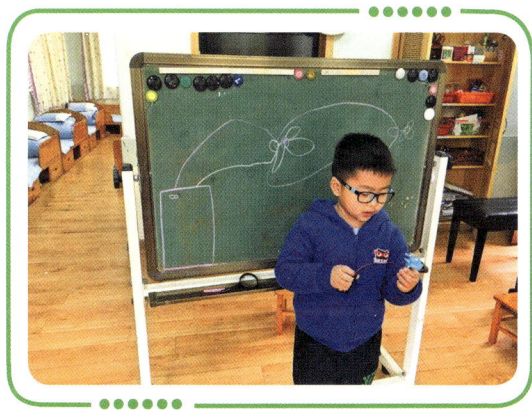

图 4-13（左上）：虫虫用转动的扇叶带动
其余两个扇叶转动

图 4-14（右上）：天天用一个电池槽，
同时带动四个扇叶转动

用一个电池槽带动多个扇叶同时转动，是一个很棒的方法，四面八方都可以感觉到风，然而连接线路有难度。

于是，教师请操作成功的天天与大家分享经验。天天先在黑板上画下图示，再一边解说一边演示。参照天天的方法，虫虫、乐乐等更多的孩子成功地使用一个电池槽带动了两个扇叶的转动。

图 4-15：天天给同伴分享一个电池槽带动多个扇叶同时转动的方法

支持：自主评价

在孩子们探索到的多种方法中，哪种方法能有效增强小风扇的风力？教师并不评价其优劣性，由孩子们自主评价。讨论中，孩子们更喜欢天天的方法，因而请天天分享经验，带动其他孩子尝试。

图 4-16、4-17：孩子们制作的一个电池槽带动多个扇叶的风扇

视频：增大
风力

（三）第三次制作小风扇
——制作便于携带的小风扇

1. 为小风扇"瘦身"

历经了两次制作活动，孩子们制作出了许多小风扇。教师请孩子们欣赏作品，并想一想这些小风扇是否便于观看足球赛的人们使用。

喵喵提出小风扇太大，不便于携带。孩子们打量着一个个小风扇，发现这个问题普遍存在，决定重新设计、制作更小巧、便于携带的风扇。他们认为现有的风扇之所以不方便携带，主要是因为 KT 板、光碟等材料很"胖"，因此，要选择比较"瘦"的材料，最好能将电池槽"藏"起来。于是，孩子们找来材料，如棍子、PVC 管、冰糕棒、纸筒等，对小风扇进行"瘦身"。

> 解读：
> 通过作品欣赏，引导孩子们回顾制作小风扇的目的，激发改进小风扇的意愿。

图 4-18、4-19："瘦身"后的小风扇

2. 制作更为美观、实用的风扇

教师利用网络资源，搜集了不同样式的小风扇，如帽式风扇、挂脖式风扇、太阳能小风扇、喷雾式风扇等，引导孩子们进行观察和讨论，总结出这些小风扇的共同特征：第一，方便携带；第二，可以作为随身的装饰物；第三，动力源多样化，如纽扣电池、太阳能。接着，教师向孩子们发起了更有难度的挑战——设计制作美观、实用的风扇。

孩子们三五成群，设计、收集材料、动手制作。一个个别具创意的小风扇就此诞生，有适合小朋友使用的手表式小风扇、挂脖式小风扇和太阳能小风扇，也有适合办公人群使用的台式小风扇，还有在原基础上改进的防刮伤安全小风扇。

支持：经验铺垫
　　通过欣赏各式各样的小风扇，拓展孩子们的认知经验。

图 4-20：手表式风扇　　图 4-21：台式风扇

图 4-22：挂脖式风扇 　　图 4-23：防刮伤风扇 　　图 4-24：手持风扇

视频：制作
便携式风扇

四、拓展与延伸 ✿

创编科普图画书《风扇转转转》

　　制作小风扇的项目活动经历了调查、设计、制作和改进等步骤，孩子们在遇到问题、解决问题、体验成功的过程中，制作的热情不断高涨，最后制作出了各式各样的小风扇。此外，还借鉴制作小风扇的经验，利用小马达带动扇叶、齿轮转动，制作了扫地机、打磨机等。

　　当老师和孩子们回顾和总结制作风扇的经验时，虫虫提出："老师，我们也把做风扇的过程做成一本书吧。"大家认为有了这本书，以后弟弟妹妹就能看着书做风扇了。于是，老师带着孩子们进行了制作风扇图画书的尝试。

（一）图画书内容架构

1. 讨论图画书的主体内容

　　"制作一本关于风扇的书，书里面应该放什么样的内容？"教师问道。乐乐说："书里面要有制作风扇的步骤，就是先做什么后做什么。"齐齐说："还要有需要准备的材料。"孩子们纷纷赞成。

教师肯定了孩子们的想法，建议将他们在制作中遇到的问题和解决问题的办法，作为注意事项也放在书里。

2. 为图画书取名字

主体内容架构好后，教师请大家为图画书取个名字，并说明自己的理由。

图画书名字及取名理由	同伴评价
乐乐："可以叫《风扇小书》，这就是讲做风扇的一本书。"	合适
虫虫："《风扇科学书》更好。"	合适
鑫鑫："《风扇转转转》。"	合适
小齐："可以叫《风扇大作战》。"	不合适 天天："'风扇大作战'，感觉就像风扇要打仗一样。"
涵涵："《风扇开会》，因为我们做了很多风扇。"	不合适 鑫鑫："这个名字不好听。"
喵喵："我喜欢叫它《风扇雪花》，我们用雪花粘在扇叶上做的风扇很漂亮。"	不合适 小齐："这本书是介绍怎样做风扇的，没有讲风扇雪花，我觉得'风扇雪花'不合适。"
润润："《风扇的秘密》。"	不合适 虫虫："如果是'风扇的秘密'的话，就感觉书里面会介绍很多风扇的秘密,可是我们没有介绍它的秘密。"

经过一一排除，大家保留了三个名字。虫虫认为"风扇转转转"是最合适的，不仅是因为它是一本科学书，还因为风扇能转；乐乐提到有的书有两个名字，这本书也可以保留两个名字。最后，大家将书的名字确定为《风扇转转转——一本关于风扇制作的小书》。

3. 设计封面、封底、扉页和环衬

教师带着孩子们回忆书的结构，商讨封面、封底、环衬和扉页的设计，结果如下：

封面
- 书的名字
- 作者名字：大二班小朋友
- 图画：一个完整的风扇

环衬
- 前环衬：零散的材料
- 后环衬：做好的风扇、开心的小朋友、用"★"进行评价

风扇转转转

扉页
- 书的名字
- 扇叶

封底
- 转动的风扇

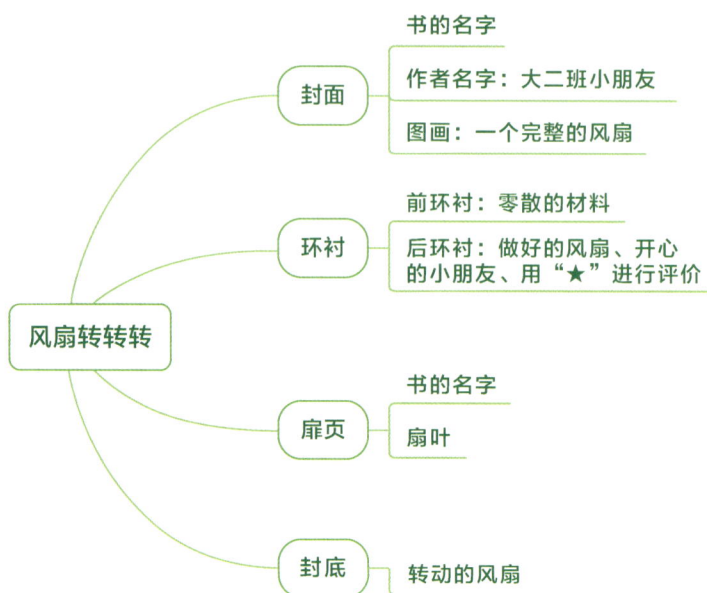

（二）图画书制作

孩子们进行分工合作，有的画封面，有的画环衬，有的画扉页，更多的孩子画主体内容部分，还有的孩子画封底。老师将孩子们的绘画作品进行装订，图画书基本完成。

图 4-25　图画书的封面　　　图 4-26　图画书的前环衬　　　图 4-27　图画书的后环衬

图 4-28（上左）、4-29（上中）、4-30（上右）：图画书的正文内容节选

（三）调整与改进

在阅读中，孩子们发现了一些问题，如："电池槽的两根导线（一根红色，一根黑色）都被画成了黑色，都分不清正极和负极了""看上去感觉有点脏，很多颜色混在了一起"。

同时，孩子们邀请中班的弟弟妹妹和教师阅读这本书。看着弟弟妹妹茫然的表情，教师们认为，虽然孩子们画得很形象，但是让弟弟妹妹读懂这本书是有难度的。怎样让画面更加具体形象？讨论中，大家认为用拍照的方式可能更适合这类程序性说明的图画书。于是，孩子们决定用拍照的方式改进图画书。

自制图画书
《风扇转转转》

五、项目活动网络图

风扇转转转
- 问题引入 —— 制作小风扇，为观看世界杯的人消暑降温
- 经验准备活动
  - 亲子活动：风扇小调查
  - 区域活动：拆装小风扇
- 问题解决
  - 第一次制作小风扇：让扇叶转起来
  - 第二次制作小风扇：探索风向与风力
  - 第三次制作小风扇：制作便于携带的小风扇
- 拓展延伸 …… 创编科普图画书《风扇转转转》

注：—— 为教师预设；…… 为幼儿生成

六、STEM 要素分析 ❀

S（科学）	电池槽、小马达	电池槽、小马达均有正负极之分
	闭合电路	闭合电路产生电流； 小马达带动扇叶转动
T（技术）	线路连接	正确连接电路（正负极、闭合电路）
	剥线钳的使用	正确使用剥线钳剥电线
E（工程）	设计与制作小风扇	设计风扇、收集材料、制作风扇、优化改进等
	创编科普图画书	内容架构、取书名、制作加工、调整改进等
M（数学）	大小、形状、数量	材料的大小、软硬、形状和数量； 风力的大小
	空间方位	扇叶转动的方向（顺时针、逆时针）

七、幼儿发展评估 ❀

发展指标	发展评估 （用 1~3 颗星表示发展水平）
1. 了解风扇的基本结构、特点与作用	
2. 能正确区分小马达以及电池槽的正负极	
3. 喜欢尝试连接简单的电路	
4. 初步感知电流的方向，知道扇叶的转动方向与电流的方向有关	
5. 熟练运用剪刀，并能正确使用剥线钳	
6. 能较清晰地记录自己的设计与想法	
7. 敢于在集体面前表达、交流自己的想法，能条理清楚地表述自己的观点	

(续表)

发展指标	发展评估 （用1~3颗星星表示发展水平）
8. 乐于助人，愿意帮助同伴进行探究	
9. 能持续进行探究，遇到问题时积极寻找解决办法，并有针对性地进行调整与完善	
10. 在制作小风扇的过程中，体验失败的挫折感和成功的喜悦	

八、项目活动思考

项目活动"风扇转转转"，源于孩子们在主题探究活动"假如世界杯在成都"中，对"降温消暑"问题的关注，经历了"让扇叶转起来"——"探索风向与风力"——"制作便于携带的小风扇"等三次制作活动。

"让扇叶转起来"是孩子们制作小风扇的首要目标，也是需要解决的一个技术难题。它需要孩子们利用电池槽、小马达和扇叶，尝试连接简单的电路。《3—6岁儿童学习与发展指南》中强调"注重引导幼儿通过直接感知、亲身体验和实际操作进行科学学习，不应追求知识和技能的掌握，对幼儿进行灌输和强化训练。"为此，教师投放小风扇供幼儿拆装，帮助幼儿了解小风扇的电路结构。再通过动手操作和同伴交流，解决电路连接中固定不稳、短路等问题。

扇叶的成功转动，使孩子们感到兴奋和满足，痴迷于比较风力的大小，进而探究"风向与风力"的问题。探索中，孩子们积极地动手动脑，办法各不相同，教师始终接纳、欣赏孩子们不同的想法和尝试，不看重"正确"的方法。

随着各种各样的小风扇的诞生，教师引导孩子们聚焦、回归活动之初制作小风扇的目的——解决世界杯的观众酷热难耐的问题，观察发现已有的小风扇有一个共同特点：

"体型比较胖"、不便于携带。于是，孩子们重新收集材料，进行改进并重新制作，为小风扇"瘦身"。

　　三次集体的制作活动并非整个项目活动的全部。制作中所遇到的挑战和问题解决所带来的成就感，使孩子们在区域游戏和餐后游戏时间自发地进行制作。他们积极、专注的模样，表明他们是一个个主动的学习者。

项目组教师：赵　静　杨晓梅　张梦尧　罗尧琳

视频制作：袁　信　罗霏霏

项目六 · 大班 ·

Xiaoqiche Paoqilai

小汽车，跑起来

一、问题引入

在主题活动"汽车叭叭叭"的探究中，孩子们对车子表现出了浓厚的兴趣。他们在家里收集了很多玩具小车，经常讨论关于车子的话题。一次游戏中，扬扬发现自己带来的小车坏了，不能行驶，便找来螺丝刀拧下螺丝，想要修理。旁边的孩子们见扬扬在修车，都围了过来。

他们把小车拆开，发现原本以为结构复杂的小车，仅仅由车身、底板和车轴、车轮组成。"好简单呀，我们都可以自己做小车啦！"淳淳感叹到。其余的孩子们一起欢呼起来："我也要做小车！我也要做小车！"

在前期的主题探究中，孩子们关注到了汽车与人类生活的紧密联系，对汽车的不同类型及其基本结构有一定的了解。如果孩子们尝试动手制作小车，将可能在科学、技术、工程和数学等方面获得以下经验：

- ◆ 科学：了解车子的不同动力源。
- ◆ 技术：正确使用剥线钳、尺子等工具；安装适宜的动力源，促使小车跑起来。
- ◆ 工程：设计并制作小车。
- ◆ 数学：小车车身、车轴的长与宽；小车的行驶方向；小车行驶速度的快慢。

二、经验准备活动

（一）亲子活动：小车大揭秘

制作小车，需要孩子们对各种车的结构、动力源等有比较清楚的了解。因此，教师邀请家长同孩子们一起展开了调查活动。孩子们有了以下发现：

车的特征	1. 消防车有大水箱； 2. 大巴车和公交车的车身很长，里面可以坐很多人； 3. 警车、救护车都有警笛，警笛既有响声又有光亮； 4. 跑车可以跑得很快，底盘很低； 5. 房车里面有床还有厨房、冰箱； ……
车的动力源	1. 汽油、柴油； 2. 电； 3. 天然气
车的组成部分	座椅、方向盘、刹车、油门、车身、车窗、轮胎、轮轴、发动机

（二）集体教学活动：我会测量

汽车车身的围合、车轴与底板的适配等都需要孩子们动手测量，然而，孩子们已有的测量经验不足以支持这些活动。因此，开展集体教学活动"我会测量"，以丰富孩子们的测量经验，帮助其掌握正确的测量方法，为制作小车活动的顺利开展打下基础。

活动目标：

1. 认识直尺、卷尺等测量工具，初步掌握标准测量的测量方法。

2. 结合实际，选择适宜的测量方式（自然测量、标准测量）。

3. 能较准确地读取测量结果。

活动准备：

标准测量工具：直尺、卷尺。

自然测量工具：木棍、绳子、毛根、木棍等。

活动过程：

1. 初次测量，巩固已有经验

游戏：比比谁更高。

提问：怎样知道谁比谁高多少？

引导孩子们运用多种测量工具，如：木棍、脚步、绳子、毛根等进行测量。

2. 学习标准测量的方法

（1）介绍测量工具直尺、卷尺，引导孩子们探索其使用方法。

（2）引导孩子们尝试使用标准测量的方法测量物体。

3. 发放测量任务单，请孩子们自选测量工具进行测量，并记录测量数据

讨论：如何选择合适的测量工具？

小结：不同情况下所选择的测量工具有所不同，如量腰围要用卷尺；标准测量比自然测量更准确，但自然测量比标准测量更方便。

图 6-1：用直尺量桌子宽度

图 6-2：用软尺量篮筐的围度

三、问题解决

（一）设计与材料收集

1. 制作什么样的小车

孩子们有的认为警车抓坏人很酷，所以想制作警车；有的喜欢赛车，因为赛车跑得很快；有的想要制作消防车……教师肯定了孩子们的想法，同时提出疑问："怎样给车子提供动力，让它能够跑起来？"颖儿说："我要做一个手拉车，就像弟弟的小车一样，奶奶在前面系了一根绳子，拉着就走了。"小戈说："我们可以装上电池和小马达，做成电动车。"

淳淳认为："太阳能更好。"豆豆说："磁铁也可以，一块粘在车身上，一块拿在手上牵引车子。"涵涵说："风力可以推动车子。"教师问："小风扇能产生风，把它装在小车上，风是不是也可以推动车子跑起来？"孩子们有的认为肯定可以，有的很迟疑，教师鼓励他们动手试一试。

　　讨论中，孩子们对小车的造型和动力源已有了初步的想法。教师鼓励他们绘制设计图，并尝试把所需要的材料、制作步骤及成品样式画下来。

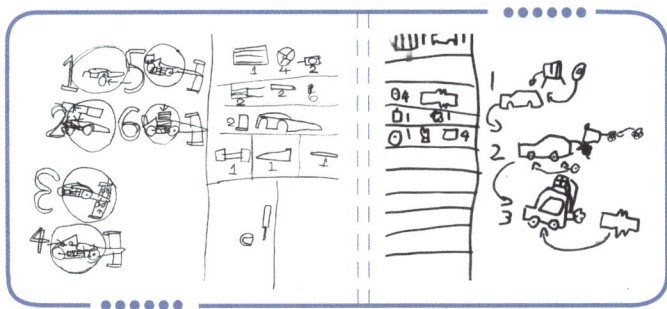

图 6-3：电动赛车设计图　　　　图 6-4：太阳能小车设计图

2. 需要什么材料

　　结合孩子们前面的设计，大家一起梳理制作小车所需要的材料。

轮轴	轮子或圆形物体，小木棍或小铁棍
车身	纸盒，纸杯，各种废旧小瓶子、小罐子，纸板，KT 板，冰糕棍，水管……
动力源	太阳能、电池、磁铁……

　　于是，教师在科学区投放了支持孩子们进行小车制作的材料，如：关键性材料——轮子、车轴、扇叶、小马达、太阳能

支持：材料提供

　　教师需要提前思考、预设活动中可能会运用到的必要材料，并提前投放，以便孩子们观察和使用。

板等，辅助性材料：木块、小木板、KT 板、吸管、纸筒、纸杯等。孩子们也从家里带来各种可能有用的材料，如瓶盖、乐高积木。

（二）制作小车

一切准备就绪，孩子们带着自己的设计图，选择、清点自己需要的材料，热火朝天地行动起来。

1. 制作车身

孩子们选用木板、KT 板、纸板、塑料积木板、镜子等材料做底板，将四个轮子固定在两根车轴上，根据车轴的长度对纸板、KT 板的宽度进行剪裁，再将车轴固定在底板上。然后，有的用不同颜色的吸管作装饰，有的在底板上手绘图案，有的用科学区的手指灯粘贴在车子尾部作为指示灯。

几个孩子尝试给小车制作车厢，"我要做一个方方的车厢，像货车一样可以装很多东西。"涵涵说。西西听了涵涵的想法，想要做一个像帐篷一样的车厢。小戈准备用盒子改装一个车厢。他们用尺子测量底板的长度和宽度，对所选的材料进行剪裁，用双面胶、泡沫胶等进行固定，立体的车厢制作完成。

图 6-5：测量车身、车厢　　图 6-6：固定、粘牢车厢

2. 安装动力源

优优准备制作磁力小车，他们在车子头部粘贴上一块磁铁，在一个小木棍上再贴一块磁铁，用来吸引车子前行。虫虫找来一把扇子，准备为自己的小车提供风力。涵涵回忆起玩气球的经历，把充满气的气球松开，气球便会飞出去，便在车子上粘了一个气球。扬扬先安装好扇叶和电池，再将马达和电池槽连接起来，然后将其固定在底板上，做成一辆电动小车。

淳淳和颂颂想要制作太阳能小车，他们找来太阳能板、小马达和扇叶等材料，如何组装却困扰着他们。教师请他们观察扬扬的电动小车，淳淳发现将扬扬车子上的电池槽更换为太阳能板，就能让太阳能板带动马达，使扇叶转动了。于是，他们将太阳能板与小马达连接在一起，然后将扇叶安插在小马达上。

注释：电动小车原理

　　小马达将电能转化成动能，带动扇叶转动，从而产生风力，风力推动小车行驶。

支持：材料优化

　　若使用的太阳能板上没有电线，教师需事先用焊锡枪在正负极上分别焊接一根电线。

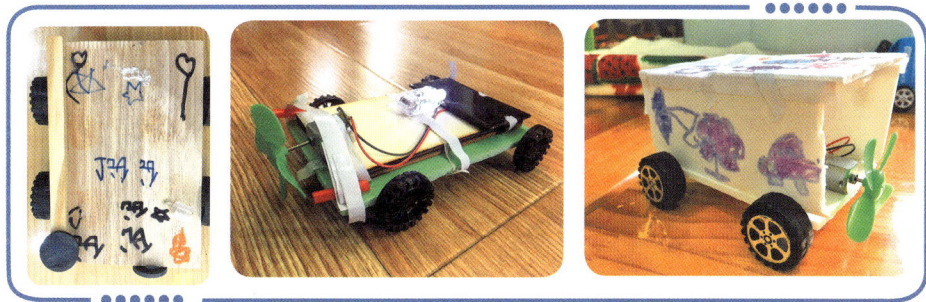

图 6-7：磁力小车　　　　图 6-8：太阳能小车　　　　图 6-9：电动小车

（三）怎样让小车跑起来

车子做好了，孩子们迫不及待地在地面上、桌面上玩起来。涵涵给气球吹满气，然后松开，空气咕噜咕噜地往外跑，车子却一点也没动。虫虫用很大的力气扇风，略微能把车子吹动。小戈说："我的车推都推不动。"

几乎所有的车子都一动不动，这是怎么回事？

扬扬思索着："是不是我们把轮轴固定得太紧了？"

涵涵说："我的只用了一截双面胶，也动不起来。"

淳淳说："轮子不固定在车上时可以转动，放在车上了就转不动了。"

教师拿来一辆孩子们从家里带来的玩具小车，用手轻轻转动了一下车轮，请孩子们观察。颂颂照教师的方法，转动自己的车轮，说："我知道了，我的车轴被死死地固定在底板上，它不能动了，所以车轮也不能转。"

其他的孩子们发现他们的车轴和颂颂的情况相同，教师接着追问："有什么办法让车轴转动？"

颖儿回答说："不能用胶直接粘车轴，我们需要用一个东西把车轴包起来。"

颂颂回答说："吸管是空心的，我们可以用吸管把车轴包起来，固定吸管，车轮在吸管里面还是可以转动的。"

终于，孩子们发现了车子不能跑动的关键原因：车轴被固定，车轮不能转动。有的孩子找来吸管、齿轮等材料，对车轴重新进行安装。还有的孩子找来有孔的塑料拼插积木做车身，车轴穿过孔洞，也成功地让小车跑起来了。

> **解读：**
>
> 孩子们在制作过程中完成了小车的基本结构，但是没有考虑小车的能动性，继而发现了小车不能动起来的问题。
>
> 在教师的引导下，孩子们发现了问题的原因，并寻求到了解决的办法。

图 6-10：给车轴加装吸管　　图 6-11：用塑料拼插积木做成的小车

视频：制作小车

（四）如何使小车跑得更快

车子成功地跑起来，孩子们开心极了。游戏时间，他们有
的用自己的车子送快递，有的开着车子在各个区角之间"旅行"，
有的玩起了赛车游戏……每个人都希望自己的小车是跑得最快
的，他们决定进行一次赛车比赛。

比赛中，孩子们发现有的小车行驶速度明显慢一些，而有
的车子刚开始速度很快，但只能行驶一小段距离。大家一起讨
论，分析车子的优缺点和影响行驶速度的因素，以便对车子进
行调整和改进。

小车类型	优缺点分析	影响行驶速度的因素
手推车	优点：速度快； 缺点：需要人一直推着才能往前跑	车身重量、手的推力大小
电动小车	优点：便捷，行驶速度快，且能行驶较长距离； 缺点：电池污染环境	车身重量、扇叶转速
气垫小车	优点：行驶速度快； 缺点：跑动前需要给气球充气；当气球的空气跑完后，小车便不能再行驶	车身重量、气球大小等
磁力小车	优点：比较便捷； 缺点：需要人一直用磁铁控制	车身重量、磁铁磁性的强弱、人移动磁铁的速度等
太阳能小车	优点：清洁无污染，阳光下行驶速度快； 缺点：在雨天、阴天及室内，行驶速度缓慢，甚至不能行驶	车身重量、阳光强弱等

从讨论中发现，小车的行驶速度主要受两方面影响：一是
车身的重量；二是动力源的选择。孩子们从讨论中梳理了改进
车子的思路。他们有的选择更轻的材料作为车身；有的选择更
大的气球或更强力的磁铁作动力源。

颂颂想要将太阳能小车改成多种动力源驱动的小车，他加上电池槽，把车子变成太阳能和电能共同驱动的小车。扬扬想尝试对电动小车进行改造，淳淳提议用一个电池槽，带动多个小马达转动，产生更大的动力。小戈和涵涵等几个孩子也加入了他们的行列中，他们尝试了很多次，都没有成功，便选择了其他的改进方式，只有淳淳继续探索着。教师看着眼前的情景，心想用一个电池槽带动多个小马达对大部分孩子们来说是很困难的，但根据淳淳的已有经验和他在探索中表现出的专注，教师认为他是可以攻克这个难题的。于是，教师在一旁默默地观察着他，必要时给予帮助。经过反复尝试，淳淳成功地用一个电池槽同时带动了 3 个小马达，成就感溢于言表。

支持：差异探究

幼儿经验水平存在个体差异。在探究过程中，每个孩子在原有经验水平上有提升即可。教师应鼓励幼儿进行差异探究，切勿以统一标准要求所有幼儿。

图 6-12：强力磁铁小车

图 6-13：巨型气垫车

图 6-14：太阳能＋磁力混动车

图 6-15：多风扇转动赛车

视频：改装小车

（五）如何让小车直线行驶

解决了行驶速度的问题，孩子们急切地想要进行一次大规模的赛车比赛。他们找来很多牛奶盒围出赛道，选出了裁判，确定了参赛选手和比赛顺序。孩子们觉得，自己的小车一定能在比赛中一举夺冠。可是，第一组参赛小车进行到一半就出了意外——三辆小车先后撞向了护栏，都没有到达赛道终点。其他组也进行了尝试，所有的小车都转弯冲出了赛道。这是为什么呢？孩子们带着自己的小车反复试验，仔细观察小车的运动轨迹和运动状态。

瑜瑜说："我发现车在跑的时候，它的身体会左右摇晃。"

薇薇说："我看到小车的轮轴会往转弯的反方向跑。"

小戈接着说："可能是吸管太空了，所以轮轴在里面就会左右动。"

溜溜推测到："我觉得可能是车轴太长，吸管太短，所以才会这样。"

颂颂说："我们把吸管的长短剪成和车身的宽度一样，看看会怎样。"

图 6-16：孩子们进行赛车比赛　　图 6-17：孩子们分析小车不能直线行驶的原因

经过多次实践和观察，孩子们发现了小车不能直线行驶是轴套（吸管）太短，轮轴左右移动所致。于是，他们对车身、车轴、轴套等多部分进行了测量与调整。轴套短于车轴的问题得到了解决，车轮不再左右大幅度移动，小车终于能够直线行驶了。

图 6-18：发现轴套比车轴短，车轴易移动

图 6-19：测量车轴、轴套的宽度

四、拓展与延伸

为期一个多月的小车制作活动逐渐接近尾声，孩子们设计制作了各式各样的小车，并为它们取好名字，想要举办一场新车发布会。组织、策划一场"新车发布会"，需要做什么准备？有了亲子协作、同伴互助的经验，孩子们快速行动了起来，并最终从角色分工、环境布置、介绍内容等多方面达成了一致。

新车发布会安排表	
角色分工	主持人、介绍人、观众、秩序维护员
环境布置	展台：用以陈列小车作品； 演示台：用以介绍人演示自己的小车； 准备音响、话筒，供主持人和介绍人使用
介绍内容	小车类型、制作方法、特别之处等
演示方式	口头表达、PPT/海报展示、实物演示等

孩子们根据安排表，进行分工合作。他们邀请隔壁班的小朋友们和老师们当新车发布会观众；通过个人自荐、相互竞赛的方式选出了新车发布会的主持人；请教师帮忙找来了音响和话筒；几个男孩把桌子拼在一起，做成展台和演示台。

一切准备就绪，新车发布会开始了。他们先介绍了小车的设计和制作过程，又进行了现场演示，最后分享了他们在合作探究过程中所遇到的问题、总结出的经验以及小车的特别之处。

图 6-20：分享制作过程

图 6-21：装饰过的救护车

图 6-22：119磁力小车

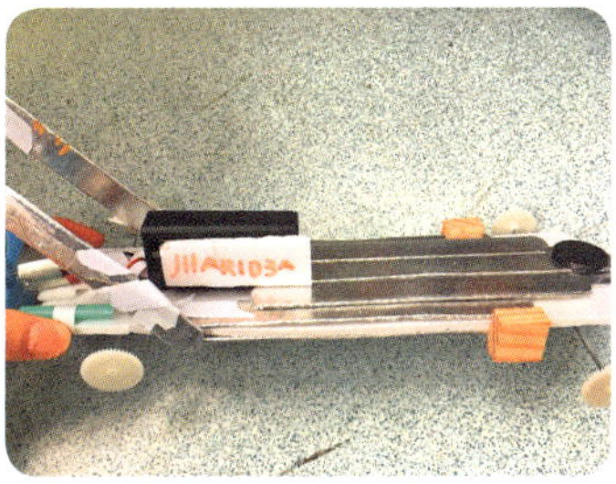

图 6-23：有车牌号的小车

图 6-24：多轮磁力小车

图 6-25：双磁力小车

五、项目活动网络图 ✿

```
                        问题引入 ─────── 主题活动"汽车叭叭叭"

                        经验准备 ─────── 亲子活动：小车大揭秘
                        活动
                                 ─────── 集体教学活动：我会测量

                                  ─────── 设计与材料收集

  小汽车,跑起来                       ─────── 制作小车

                        问题解决  ─────── 怎样让小车跑起来

                                  ─────── 如何使小车跑得更快

                                  ─────── 如何让小车直线行驶

                        拓展与延伸 ─────── 新车发布会
```

注：────── 教师预设；┈┈┈┈ 幼儿生成

六、STEM 要素分析 ✿

S（科学）	简单电路	闭合电路产生电流	
	太阳能	太阳能是一种可再生能源	
	磁铁	同名磁极相互排斥，异名磁极相互吸引	
T（技术）	工具使用	剥线钳的使用方法：调节松紧度，按压把手，剥出铜线	
	测量方法	对准 0 刻度，首尾相连	
	线路连接	将电池槽的正负极与小马达的正负极连接牢固，形成闭合电路	

E（工程）	如何制作车身	选择重量、大小适宜的材料制作车身
	怎样让小车行驶	调节车身重量、增强动力源等方式，帮助小车行驶
M（数学）	测量	测量方法、测量工具、测量数据的读取
	比较	速度快慢的比较、车底与车厢的大小比较
	空间方位	小车直线、转弯、向前、向后行驶

七、幼儿发展评估

发展指标	发展评估（用 1~3 颗星表示发展水平）
1. 了解汽车的结构、功能、特点，喜欢参与制作小车的活动	
2. 正确使用木棍、直尺等工具对物体进行测量和比较	
3. 能够用设计图、材料清单表达自己的设想，尝试绘制步骤图	
4. 在制作的过程中遇到困难不气馁	
5. 了解常见的动力源，尝试为小车安装适宜的动力装置	
6. 借助简单的工具（剥线钳、双面胶、硅胶枪）制作小车	
7. 通过测量、围合等方式，制作立体车厢	
8. 观察分析车子不能跑动、无法直线行驶的原因，并尝试找到解决办法	
9. 乐于与同伴交流，大胆表达自己的想法，交流经验	
10. 发现影响车子行驶速度的因素	

八、项目活动思考

汽车是孩子们生活中常见的交通工具，他们经常接触且比较了解其基本构造，对汽车有着浓厚的兴趣。项目活动"小汽车，跑起来"始于孩子们对小车的关注与讨论，主要进行了"设计与材料收集""制作小车""怎样让小车跑起来？""如何使小车跑得更快？""怎样让小车直线行驶？""新车发布会"等探究。

孩子们在探究中，会遇到各类问题，也会随着探究的深入，自发地挑战有难度的问题，如怎样让小车跑得更快。一般情况下，我们鼓励孩子们通过自主探究、小组合作、同伴学习等方式解决问题，而对于某些共性、关键的问题，教师的及时介入对孩子探究兴趣的维持及探究能力的发展显得尤为重要。在项目活动中，教师更多以隐性支持的方式介入，如教师鼓励、支持孩子们的差异化探究，不限定他们的探究行为，让孩子们根据自己的喜好及经验水平选择解决问题的办法。

当然，教师的显性支持也必不可少。教师提供丰富的材料，为幼儿的创造性活动提供了支持。活动中，教师根据孩子们的需要，提前预估可能需要的材料并及时投放。孩子们在与多种多样材料的互动中发散思维，进行多元的探究，最后制作了太阳能小车、电动小车、磁力小车、气垫小车等。在思维的发散过程中，每个孩子都体验到了成功感，这也是他们继续探究的源动力。

项目组教师：张厚贵　陈　慧　李　军

视频制作：袁　信　罗霏霏

项目七 · 大班 ·

河流哗啦啦

Heliu Hualala

From STEM Xiangmu Huodong Jingxuan

一、问题引入 ✿

在"我们的城市——成都"主题活动中，孩子们对地图产生了兴趣，常常围着地图讨论。一天，聪聪指着地图上又长又弯的蓝色线条问："老师，这是什么？"

"下面的线条代表长江，上面的代表黄河。"教师回答。

"我知道，黄河是中国的母亲河。"琅琅说道。

宇宇说："成都还有都江堰，爸爸带我去过。都江堰是古时候李冰修建的，爸爸说李冰可了不起啦！"

茜茜补充道："我也去过都江堰。李冰修了都江堰后，成都就没有遭遇过洪水了，还能用岷江的水灌溉庄稼呢！"

孩子们都觉得李冰是个了不起的英雄。聪聪提议："我们也来建一条河流吧，这样在班上就能玩了。"孩子们分成两派，有的孩子很兴奋地支持这个提议，而有的孩子认为在教室里建一条河流是不可能的事情，因而反对。刚开始，教师在听到这个提议时，也认为这个想法有几分荒诞，建一条河流有什么意义呢？可当孩子们分成两派时，教师开始分析，这个提议真的不可能吗？如果认为不可能就放弃尝试吗？教师再次思考"建一条河流"的价值与意义，建一条河流一方面是对幼儿兴趣与意愿的支持；另一方面，河流内容涉及较广，孩子们在建河流的过程中，可以对水流特性、材料特点及结构的稳定性等多方面内容有更深刻的了解，如：

◆ **科学**：巩固水流特性的经验，了解影响结构稳定性的多种因素，如支架形状、重心高低等。

◆ **技术**：对材料进行切割，运用绳子、橡皮泥等辅助材料，搭建稳固的河道。

◆ **工程**：河道的整体设计及河流主干、支流的设计与搭建。

◆ **数学**：支架材料数量的选择及形状的设置；河道长度及分支长度的设计。

二、经验准备活动 ❀

调查讨论活动：河流知多少

对于河流，孩子们已有哪些经验？他们还想了解什么？还需拓展哪些相关经验？为此，师幼进行了"河流知多少"的话题讨论，并对结果进行了梳理、汇总：

已有经验	想要了解的问题
1. 河水可以用来浇灌庄稼； 2. 下大雨时，泥沙被冲到河里，河水会变黄； 3. 河边会有很多光滑的鹅卵石； 4. 一条河流可能会有多条支流	1. 河流是怎样形成的？ 2. 河流有什么作用？ 3. 河流为什么不会干？ 4. 我们怎样修建河流？ ……

孩子们对于河流的经验比较初浅，但可喜的是孩子们对于河流很好奇，并提出了许多问题。教师将问题进行整理，了解了"河流是怎样形成的？"，就能弄清楚"河流为什么不会干？"，"我们怎样修建河流？"则是孩子们接下来需要重点解决的问题，教师将在后期的活动中引导孩子们探索；"河流是怎样形成的？""河流有什么作用？"两个问题将丰富孩子们的认知经验。于是，教师请孩子们分成两个小组进行调查，每组负责调查一个问题，先回家与爸爸妈妈一起查阅资料，再在小组内进行交流讨论，最后以小组为单位进行调查汇报。

问题一：河流是怎样形成的？

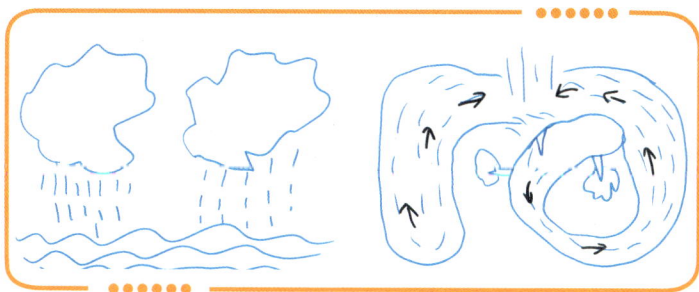

图 7-1：雨水、雪水汇集成河流　　图 7-2：雨水冲刷泥土，变成河道

调查及讨论结果：下雨的时候会形成很多小溪，从高处流下，并在山下汇集成河流。河流根据地势流动，会一直流到大海里。雨水、山上融化的雪水，还有地下水都是河流的水源，河流里的水流量还会因为季节变化而发生变化，比如冬天的河水会变少，夏天经常下大雨，河水会变多，有时候甚至发生洪灾。

问题二：河流有什么作用？

调查及讨论结果：河水可供人类及动物饮用，还可以用于农业灌溉、发电等。除此之外，河流还具有航运、防洪、灌溉、旅游、调节气候等功能。

三、问题解决

（一）修建河道
——用什么材料修建河道

孩子们通过查阅资料，了解到可以用砖、石头和水泥来修建河道。讨论中，他们觉得幼儿园里只有石头，应该找其他的材料来代替。于是，他们在幼儿园四处搜集，经过多次比较，选出了较为满意的材料——积木、PVC 管和轻黏土，用积木修建河堤，用轻黏土堵住缝隙，还可以让水在 PVC 管子里面流。有了材料，孩子们跃跃欲试，准备大显身手。

图7-3：积木　　　　　图7-4：PVC 管　　　　　图7-5：轻黏土

他们进行了分工，有的画设计图，有的搬来许多材料备用。

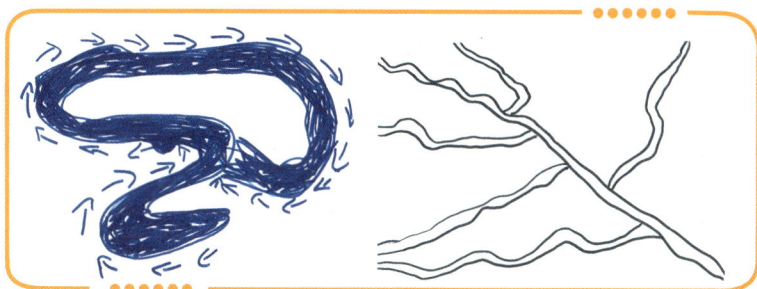

图 7-6：孩子们设计的环形河流　　图 7-7：孩子们设计的多支流河流

牟牟和秋秋将 PVC 管连接在一起，在接头的地方用透明胶粘合起来，防止漏水。豆豆和聪聪打算用积木修建一个弯弯曲曲的河道。还有的孩子揉搓黏土，尝试用来粘贴积木。

图 7-8、7-9、7-10：孩子们动手制作河道

游戏时间快结束时，孩子们提来一小桶水，倒入用积木修筑的河道中，发现水全部渗到平台的地垫下了，而 PVC 管里的水在管子内流动，可孩子们却看不到水流的情况。他们认为 PVC 管、积木和轻黏土都不是理想的材料，决定寻找更加适合的材料。

大家发现琅琅带来的滑滑梯玩具很像河道，水不仅可以在

解读：
　　幼儿在不断尝试中对材料的适用性有了新的认识。

里面流动，还可以看到水流的情况。什么材料可以制作出类似的形状呢？他们想出了办法：将KT板的两边向上折，使之形成一个凹槽。接着，对KT板的防水性进行实验，发现KT板不会漏水，所以，一致决定用KT板来制作河道。孩子们先将KT板切割成长条，用美工刀分别在两侧划下折痕，再沿着折痕将两侧的KT板折起来，用透明胶将其粘贴在一起。萌萌提来一小桶水，小心地倒进用KT板制作成的河道，水在河道里缓缓流动，河道制作成功。

图7-11：滑滑梯玩具

图7-12：孩子们用KT板制作的河道

（二）让水在河道持续地流动
——怎样搭建支架

1. 怎样搭建支架，让河道倾斜

　　大家提来更多的水，发现水仅仅在倒入时有流动的现象，怎样让河道里的水持续地流动起来？他们很快发现问题——河道放在地上平平的，没有坡度。大家开始想办法让河道倾斜，他们尝试用积木支撑，可是积木不稳固，容易倒塌。然后大家又将河道搬进活动室，用桌椅支撑，但在用餐时间又不得不拆除。

图 7-13：用积木支撑河道　　图 7-14：用桌椅支撑河道

　　孩子们迟迟没有找到更好的办法使河道倾斜。于是，教师引导孩子们观察生活中常见的支架，如脚手架、相机的三脚架等。孩子们认为三脚架的造型简单，使用 PVC 管和绳子即可进行制作，便决定动手制作三脚架。

支持：拓展经验

　　通过观察生活中常见的支架，拓展幼儿支撑河道的经验与方法。

图 7-15：孩子们合力捆　　图 7-16：绑好的三脚架
绑三脚架

2. 如何调整三脚架的高度

　　制作好三脚架，孩子们将三脚架按高矮顺序排列，可有的三脚架之间有高度的差异，有的三脚架却几乎一样高。教师请孩子们比较高度不同的三角架，他们发现虽然线绳绑在 PVC 管同样高度的位置，但三脚架的"脚"分得越开，架子高度就越低。于是，孩子们通过改变三脚架的开合度，将其调整到适

宜的高度。

3. 怎样固定三角架

图 7-17、7-18：高矮不同的三脚架

孩子们试着将 KT 板河道放到三脚架上，然而，三脚架的底部容易滑动，难以将两部分结合在一起。孩子们分析出两个导致三脚架滑动的原因：一是地面太光滑；二是 PVC 管太细，与地面的接触面小。于是，孩子们想到两种解决办法：第一，用积木或者石头等重物压住 PVC 管底部；第二，把三脚架的"腿"放进纸杯或者拼装的塑料拼插玩具里面，增大三脚架与地面的接触面积。

解决了三脚架的高度调整与容易滑动的问题，孩子们将 KT 板河道放在三脚架上。不出所料，水持续地从起点流向终点。

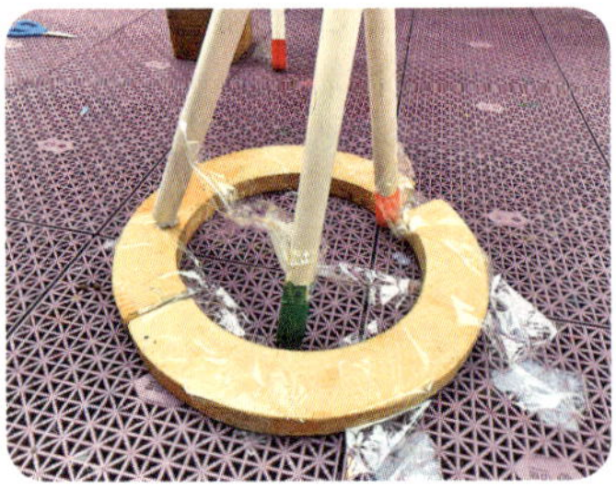

解读：
　　孩子们已有较强的问题解决意识与能力。能对问题进行成因分析，有针对性地对三脚架做出调整。

图 7-19：用积木固定三脚架 　　图 7-20：修改完成的河流

（三）河流搬迁
——如何让河流分流

1. 怎样利用河流里的水

完成了河流的修建，孩子们非常兴奋，他们不断地往河道加水，想让河流哗啦哗啦地流起来。看着孩子们来来往往提水的身影，教师开始琢磨，怎样既满足孩子们玩水的需求，又不白白浪费水？教师问道："水都流掉了，这些水可以怎么处理？"聪聪提出找个装水的容器把水接起来，以供循环使用。

孩子找来了鞋盒、小盆子等材料，结果鞋盒被水泡坏了，用盆子、小桶接的水不及时处理也会流到地上。"有没有经常需要用到水的地方？"听了老师的问题，琅琅提议将河流搬到幼儿园的种植园，水可以流到地里给植物提供水分。

2. 如何让水分流

孩子们先对种植园进行了勘察，接着，就河流修建的位置、储水的工具、放置水桶的桌子以及河流的分支等问题进行了讨论，并在前期修建河流的基础上做了一些调整，比如需要一张更加结实且能承受住风吹雨淋的桌子，用以放置水桶；用KT板制作的河道不够结实，可以换成之前搭建斜坡轨道的PVC凹槽；根据菜地的分布情况，设计河流的分支。

支持：提出问题

教师以问题的形式，引导孩子们关注浪费水的现象。

孩子们提出将"河道"移至种植园，既解决了浪费水的问题，又将探究成果与实际生活进行了结合。

解读：

将"河流"移至种植园，是一个挑战。因此，孩子们在正式搬迁之前，进行了充分的准备：勘察场地、分组讨论、设计图纸。

图 7-21：河流分流规划设计图

　　孩子们按照设计图进行修建，他们先用一根 PVC 管作为主河流，左右两端连接两条 PVC 管作为第一个分支，接下来在高矮不一的三脚架上放置 PVC 管，搭建多个河流分支。

　　河流的分支修建到了每一块地里。孩子们将水引到水桶里，打开水桶的水龙头开始试验，发现有的分支有少量的水流入，而有的分支并未有水流入。怎样让水同时流向多个支流？琅琅找来四通管，将上游流下来的水分成不同方向，成功解决了分流的问题。种植园里河流的修建，让孩子们的成就感倍增。他们开始关注天气状况，观察土壤的颜色，时不时地去放水进行浇灌。

图 7-22：孩子们在种植园搭建的河流　　　　图 7-23：四通管让水流到不同方向

四、拓展与延伸

对孩子们而言，修建一条河流，仅是一次在玩中学的探究活动。在人类的历史长河中，古人曾有多次修筑运河的壮举，最有名的是修建京杭大运河。为了增进孩子们对人工运河的了解，教师请孩子们和爸爸妈妈一起查阅资料，了解京杭大运河的修建及其作用，分享讨论后，汇总如下：

京杭大运河在哪里？	北京、天津、河北、山东、江苏、浙江等省市
修建京杭大运河有什么意义？	第一，人工运河可以灌溉河道周围的农田；第二，以前没有汽车和飞机等交通工具，用船在水上运输比较方便；第三，南方雨水充沛，通过京杭大运河将水调送至干旱少雨的北方
京杭大运河是怎样修建的？	在利用天然河流和湖泊的基础上，开挖人工运河，使其连通海河、黄河、淮河、长江、钱塘江等，南北贯通
世界上还有哪些人工运河？	埃及的苏伊士运河、德国的基尔运河、巴拿马的巴拿马运河……

除了上述四个方面的内容，孩子们了解到修建运河时，人们还未发明先进的工具和设备，仅仅依靠人的力量开挖运河，他们深深地被古人不畏艰苦、不辞辛劳的精神所感动，也切实体会到把不可能变为可能的现实意义。

最后，教师引导孩子们回顾项目活动的探索过程，并制作了图画书，呈现了修建河流过程中的问题与解决方法，展现了孩子们积极动手动脑的品质。

自制图画书
《河流哗啦啦》

五、项目活动网络图

河流哗啦啦

- 问题引入 —— 幼儿对河流感兴趣，提出修建河流的想法
- 经验准备活动 —— 调查讨论活动：河流知多少
- 问题解决
  - 修建河道——用什么材料修建河道
  - 让水在河道里持续流动——怎样搭建支架
  - 河流搬迁——如何让河流分流
- 拓展与延伸 —— 了解人工运河 制作图画书《河流哗啦啦》

注：—— 为教师预设；……… 为幼儿生成

六、STEM 要素分析

S（科学）	水的流动性	水往低处流
	结构的稳定性	三脚架具有稳定性；用积木、石头等增加三脚架的重量，可增强其稳定性
T（技术）	工具使用	使用美工刀、胶布等，将KT板切割并制作成河道
	捆绑、打结	用捆绑、打结等方式将PVC管制作成三脚架
E（工程）	设计、修建河流	设计河流，并筛选适宜的材料修建河道；搭建支架使河道倾斜，让水持续流动
	设计、修建支流	设计河流分支，并尝试让河流的水分流
M（数学）	量的比较	三脚架按从高到低的顺序排列
	空间方位	根据菜园的土地分割情况，设计河流分支的方向与位置

七、幼儿发展评估 ❀

发展指标	发展评估 （用1~3颗星表示发展水平）
1. 知道河流对生产生活的重要性，初步了解河流的形成	
2. 知道季节不同、雨量不同，河水的多少也会发生变化	
3. 能与同伴分工合作，积极地参与到修建河道活动中	
4. 能用图画和符号表现自己所了解的关于河流的知识经验、对河道的设计及制作步骤等	
5. 在探索中感知用来修建河道的材料需具备的特性：防水、有凹槽、能储水等	
6. 能安全地使用小刀或剪刀，将KT板制作成U型结构的河槽	
7. 能通过扩大接触面、制作挡板的方式固定三脚架	
8. 在小组讨论中大胆地表达自己的意见	
9. 有一定的知识经验迁移能力，能尝试运用自己所学的科学知识和经验来解决问题	
10. 尝试将自己在探究中的经历用图画的方式进行表现表达	
11. 初步了解京杭大运河，对古人的智慧和毅力产生敬仰之情	

八、项目活动思考 ❀

　　孩子们想要修建一条河流，起初仅是想玩玩而已。"怎样玩得更有意义？"是教师在活动中一直思考的问题。

　　在玩的过程中，孩子们是修建河流的"设计师"和"工程师"。他们先选择适宜的材料修建河道，经过实验和对比，用KT板制作成U型凹槽作为河道；接着，用PVC管搭

建三脚架，通过调整三脚架的开合程度使河道倾斜，克服了三脚架易倒的问题，让水流动起来；最后，将河流搬至种植园，解决分流的问题，使水滋润土壤。

整个活动过程中，他们兴趣盎然，分工合作，乐于挑战，他们积极想办法解决问题，不怕困难、勇于尝试，这些能力与品质远远超过了修建河流本身所赋予的教育意义。而教师只是作为观察者和支持者，用自己的神情、语言和动作告诉孩子们：老师期待你们的成功，相信你们完全有能力修建出一条河流；就算失败也不要紧，因为你们积极主动的模样已经证明你们是"有力量的学习者"。

在幼儿园里修建一条河流的想法并不荒诞，不仅是"玩玩而已"，也可以蕴藏丰富的教育价值。

项目组教师：罗霏霏　刘　丹　韩佳玲

项目八 · 大班 ·

Zhizuo Dizhen Baojingqi

制作地震报警器

一、问题引入❀

一天，威远县发生了 5.4 级地震，成都震感明显。这次地震引发了孩子们的关注，小远感叹道："幸好震级不大，要是大家在晚上都睡着了，震级又很强的话，那后果就不堪设想了。""如果地震前有警报就好了。"听了宸宸的话，孩子们开始讨论地震报警的方法，沛沛想要制作地震报警器，引起了孩子们的兴趣。

地震是一种突发性的自然灾害。孩子们想制作报警器，是希望在地震来临时，提醒人们在有效的时间内进行自救。他们这种保护生命安全的想法和勇于解决问题的精神，深深地感动着教师。前期，孩子们已经积累了关于电路连接的基本经验，也很喜欢尝试各种各样的科技小制作。制作一个地震报警器，可能会涉及的 STEM 经验如下：

- ◆ 科学：了解地震报警器的工作原理，巩固简单电路的经验。
- ◆ 技术：用硅胶枪、轻黏土、双面胶等多种材料搭建稳定的支架；尝试进行电路的连接。
- ◆ 工程：设计与制作地震报警器。
- ◆ 数学：进行简单的统计与测量。

二、经验准备活动❀

观察活动：科创室里的地震报警器

在生活中，孩子们少有机会接触到报警器，对地震报警器的构造和报警原理一概不知。在往年的科技节活动中，我们收集了很多亲子科技作品，这些作品都陈列在科创室里，其中便有简易的地震报警器。于是，教师利用科创室里的报警器，请孩子们观察它的结构，通过操作感知它的报警原理。

孩子们用手摇一摇报警器，它便响了起来。他们推测，在 PVC 管里应该藏着蜂鸣器和电线；他们还发现，当铜线碰到羊角钉时，蜂鸣器就会响，多多说："铜线和羊角钉好像就是蜂鸣器的开关。"为什么铜线碰到羊角钉，蜂鸣器就发出声响？孩子们很疑惑。教师告诉孩子们这是因为 PVC 管里隐藏着秘密，并出示了报警器的结构示意图供孩子们观察。

图 8-1：科创室里的地震报警器

在观察和讨论中，幼儿获得了以下经验：

地震报警器的材料：

蜂鸣器、木板、PVC 管、电池槽、电池、铜线、羊角钉等。

地震报警器的结构：

支架：由底座、立柱、横梁构成。

电路：电池槽的正极与蜂鸣器的正极连接，蜂鸣器的负极与立柱上的羊角钉连接，电池槽的负极与横梁上的铜线连接。

地震报警器的工作原理：地震报警器是一种简易电路装置，当地震发生时，铜线下方悬垂的螺母带动铜线摇晃，当铜线碰到羊角钉时，形成闭合电路，蜂鸣器发出声音报警。

三、问题解决 ✿

（一）设计与材料收集

1. 设计地震报警器

通过观察和操作科创室里的地震报警器，孩子们发现报警器是一个断开的电路，在发生晃动时，铜线接触到羊角钉，形成闭合电路。有了这些经验，教师请孩子们自己设计报警器。

小翊打算用KT板做底座和横梁，用纸筒做立柱，然后把铜线挂在横梁上，系上螺母，连接电池槽。当发生震动时，螺母摇摆，报警器就会响起来。豆豆设计的地震报警器用木板做底座，用铁丝做立柱和横梁，螺母挂在铁丝上，摇晃地震报警器就能报警。

沛沛回想起科学区的磁力轨道，有了不一样的设计思路，他打算制作一个滚动式的报警器：报警器分为两部分，一部分是支架，用泡沫板做横梁和底座，一个纸筒做立柱；另一部分是断开的电路。当支架上的螺母由于摇晃而滚动下来，恰好砸在电路上，形成闭合电路，报警器就会报警了。

> **注释：磁力轨道**
> 磁力轨道是教师自制的一面操作墙，墙面由一块铁板做成，轨道即若干粘有磁铁的凹槽。孩子们移动凹槽，将小铁球引至墙面下方的纸筒里，使纸筒内的电路闭合，从而使纸筒外围的二极管发光。

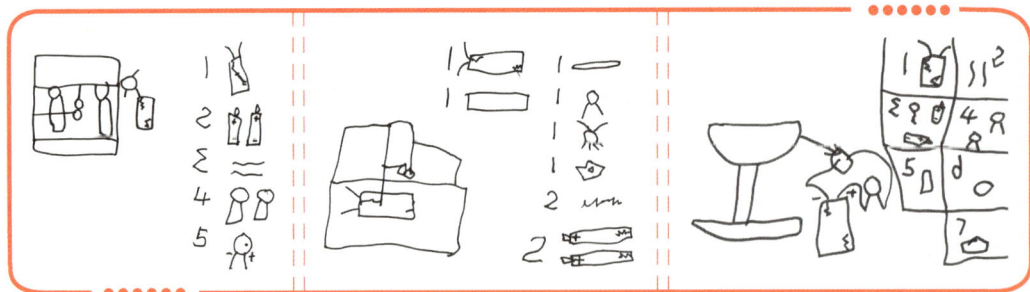

图8-2（上左）、8-3（上中）：小翊、豆豆设计的摇晃式报警器　　图8-4（上右）：沛沛设计的滚动式报警器

2. 收集材料

有了设计图，孩子们一起讨论需要收集的材料，总结如下：

关键材料：电池槽、电池、蜂鸣器、螺母、电线、铜线、羊角钉。

辅助材料：各种底板（如木板、KT板、泡沫板）、纸筒、水瓶、木棍、铁棍、轻黏土、双面胶。

可能用到的工具：剥线钳、硅胶枪、剪刀。

注释：蜂鸣器

蜂鸣器是一种一体化结构的电子讯响器，广泛应用于报警器、电子玩具、汽车电子设备、定时器等电子产品中作发声器件。

（二）制作摇晃式地震报警器

1. 制作支架

宸宸用矿泉水瓶做立柱，小心翼翼地用硅胶枪固定横梁。小苹果用一根塑料棍做立柱，在塑料棍的顶端粘贴了一根吸管做横梁，最后用铜线系上一个螺母悬挂在横梁上。

小远用两根木棍做立柱、一根铁棍做横梁，然后在横梁的中间悬挂了一根小铁棍，并在立柱的一侧也用黏土固定了一根小铁棍。可是，左右两边的立柱总是歪来倒去，悬挂的小铁棍也容易掉落。肝肝告诉小远可以将木棍换成更粗的材料，小苹果建议用铜线悬挂螺母代替小铁棍，便于摇晃，并帮助小远进行了调整。

安全提示：

硅胶枪烧热之后很容易烫伤，需要在成人的监督下安全使用。

视频：制作摇晃式地震报警器

图 8-5、8-6：孩子们正在制作地震报警器的支架

2. 连接线路

支架做好后，大家开始连接电路。孩子们尝试将电池槽的正极连接蜂鸣器的正极，电池槽的负极连接蜂鸣器的负极，可是蜂鸣器正负极的接口太短，电线里的铜丝很多又容易散开，连接固定的难度很大。这时，教师拿出端子线，孩子们观察到端子线的一端是铜线，另一端则是金属插口。他们尝试将蜂鸣器的正负极分别插进端子线的插口里，再将电池槽与端子线连接起来，成功地让蜂鸣器响了起来。

图 8-7、8-8：孩子们演示自己的报警器

解读：

在尝试连接地震报警器线路时，孩子们面临着技术上的难题，如：蜂鸣器接口太短，电线不容易固定；怎样套住螺母并将它固定在横梁上。过程中，老师可以进行示范或提供帮助。

注释：

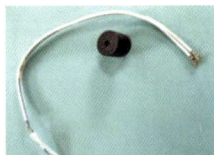

端子线是一段封在绝缘塑料里面的金属片。它一端或两端有孔，方便导线、二极管、蜂鸣器等的连接。

3. 调整与改进

　　教师看着孩子们沉浸在蜂鸣器报警的兴奋中，问道："地震报警器应该在什么时候报警？""当然是地震的时候呀！"几个孩子异口同声地回答。宸宸接着说："不对不对，没有地震，我们也没有摇晃，报警器却一直在响。"教师对宸宸点点头。孩子们纷纷断开电路，开始思考起来。

　　多多说："我知道了，我们把蜂鸣器直接连接在了电池槽上，之前做的支架根本没有用到。"大家再次观察科创室里的地震报警器。小远说："蜂鸣器的一端要连在铜线上。"小苹果说："电池槽的一端要连在羊角钉上，我的支架上都忘记放羊角钉了。"教师补充到："当摇晃的铜线碰到羊角钉，电路就连通了，蜂鸣器就会响起来。"

　　找到了问题所在，孩子们就开始行动起来。小苹果拿来一颗羊角钉，尝试把羊角钉插进立柱上的小孔里，然而孔太小，羊角钉插不进去，她换了一根稍细的小铁棍，并用黏土将其固定在立柱上。其余孩子们也重新进行了线路连接。轻轻摇晃支架，一些孩子的报警器成功地响了起来。小苹果的报警器却没有声响，她仔细检查自己的线路连接，没有发现问题。肝肝发现，小苹果用来悬挂螺母的铜线太短了，摇晃时螺母无法碰到小铁棍，所以不能报警。在肝肝的帮助下，小苹果更换了一根稍长的铜线，报警器也能报警了。摇晃式地震报警器制作成功。

支持：抛出问题

　　教师抛出问题，引发孩子们对线路连接的思考。

图 8-9：摇晃式地震报警器　　图 8-10：摇晃式地震报警器线路图

（三）制作滚动式报警器

沛沛和萱萱想要制作滚动式的报警器，他们先用纸筒、KT 板制作了一个支架，用以支撑螺母，接着，用电池槽、蜂鸣器等连接了一个半闭合电路。他们将螺母放在支架上，然后摇晃支架，希望螺母掉落下来，正好滚到线路断开的地方。

视频：制作滚动式地震报警器

图 8-11：沛沛和萱萱想让螺母从支架上面掉落下来，砸到开关，实现报警

1. 制作轨道

他们尝试了许多次，都未能让蜂鸣器响起来。"我记得沛沛设计的地震报警器是受了磁力轨道的启发。"教师说。沛沛迟疑了一下，迅速说道："我们没有做轨道，对，需要做一个

支持：迁移经验
当孩子们多次尝试未果后，教师激发孩子们迁移前期相关经验。

轨道。"于是，他们找来一块凹槽，放在支架上和电路断开处，然后将螺母放置在支架的边缘，摇晃支架，螺母滑落下来，却依然没有让蜂鸣器响起来。

"螺母不够圆，我们找一个球来试一试。"萱萱说。萱萱拿来一个泡沫球，沛沛拿来一块板子做挡板，以让小球滚下来，正好停在线路断开的地方。再次尝试，满怀期待的沛沛和萱萱依然没有能让蜂鸣器响起来。

2. 怎样让泡沫球导电

其实，孩子们的蜂鸣器没有响起来，主要原因是泡沫球不导电，不能形成闭合电路。然而，在前期的经验中，孩子们没有涉及导体与绝缘体的探究。于是，教师给孩子们布置了一个任务：回家之后和爸爸妈妈一起查一查有哪些材料可以导电。第二天，孩子们进行了交流分享，收集到了铜丝、羊角钉、铁钉、螺母、不锈钢勺子、锡箔纸等导电材料。沛沛说："我们的报警器不发出声音，应该是泡沫球不导电造成的。"教师追问："怎样让不导电的泡沫球导电呢？"有的孩子说可以将泡沫球打湿，有的孩子提议在泡沫球外面裹上一层锡箔纸。沛沛和萱萱采用了裹锡箔纸的方法。他们把裹有锡箔纸的球放在轨道上，球滚下来，蜂鸣器发出了"叮叮叮……"的声音，"哇！成功了！报警器终于响了！"沛沛和萱萱开心极了。为了记录这一"伟大发明"，沛沛修正了报警器的结构示意图和材料清单。

注释：
泡沫球是绝缘体，锡箔纸是导体，用锡箔纸把泡沫球裹起来，就可以导电，连通电路了。

支持：亲子任务
"将绝缘体变成导体"，这对于大班的孩子是比较困难的，所以教师充分调动了家长来参与，通过亲子查阅资料、亲子交流等活动，扩充孩子们的经验认识。当然，这些科学知识并不需要孩子们掌握。

图 8-12：沛沛和萱萱向同伴演示地震报警器

图 8-13：滚动式地震报警器的示意图

（四）制作既能发声又能发光的地震报警器

一天早上，班级里炸开了锅，孩子们发现小远的地震报警器不仅能发声还能发光。原来，小远想着爷爷奶奶听力不太好，报警器响了可能不会引起他们的注意，加装一个发光的二极管，爷爷奶奶更容易发现。于是，在家里和爸爸一起改装了地震报警器。其他的孩子也想做既能发声又能发光的报警器，小远向大家介绍了线路连接的方法，教师画出了线路示意图供孩子们观察。

视频：制作既能发声又能发光的地震报警器

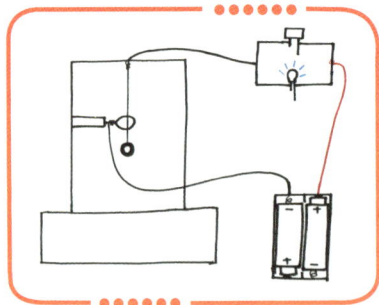

图 8-14：小远制作的地震报警器结构示意图

注释：

将发光二极管与蜂鸣器进行并联，就能做成既能发声又能发光的报警器。

孩子们按照小远的方法，再次进行制作，成功地让二极管亮了起来，也让蜂鸣器响了起来。

图8-15、8-16、8-17：孩子们用并联的方式制作出发光发声的地震报警器

四、拓展与延伸

创编图画书《地震报警器》

地震报警器的制作告一段落，这些天，小翊一直专心于画地震报警器的制作步骤。小翊说："我要做一本制作地震报警器的图画书，这样别人看着书就能做了。"制作图画书一向是孩子们颇具成就感的一件事情，很多孩子都加入了小翊的行动中。

1. 讨论图画书的结构

孩子们想把这本书制作成地震报警器的说明书，以报警器的制作步骤和需要用的材料为书的主要内容，然后他们又对封面封底、环衬和扉页进行了设计。

```
                          封面 ──── 书名：地震报警器
                                    图画：小朋友们正在思
                                    考如何做地震报警器

                          环衬 ──── 零散的材料；
                                    地震报警器成品图

地震报警器 ──────────      扉页 ──── 书名：地震报警器
                                    图画：地震报警器结构
                                    示意图

                          正文 ──── 制作报警器的步骤图
                                    制作报警器需用的材料

                          封底 ──── 地震报警器成品图
```

2. 制作图画书

　　小翅拿出之前画好的步骤图，给大家讲述他已经画好的内容。小远仔细看了看，提出了异议："电池槽的负极一端有弹簧，正极的电线是红色的。还有蜂鸣器的正极上有一个小圆点。"大家赞同小远的看法，认为应该画得更准确一些，能帮助小朋友更好地理解与模仿制作。

　　于是，孩子们分工合作，开始绘制图画。画好之后，教师将图画进行了整理，并装订成册。一本制作地震报警器的图画书完成了。

自制图画书
《地震报警器》

图 8-18、8-19：图画书《地震报警器》内容节选

五、项目活动网络图 ✿

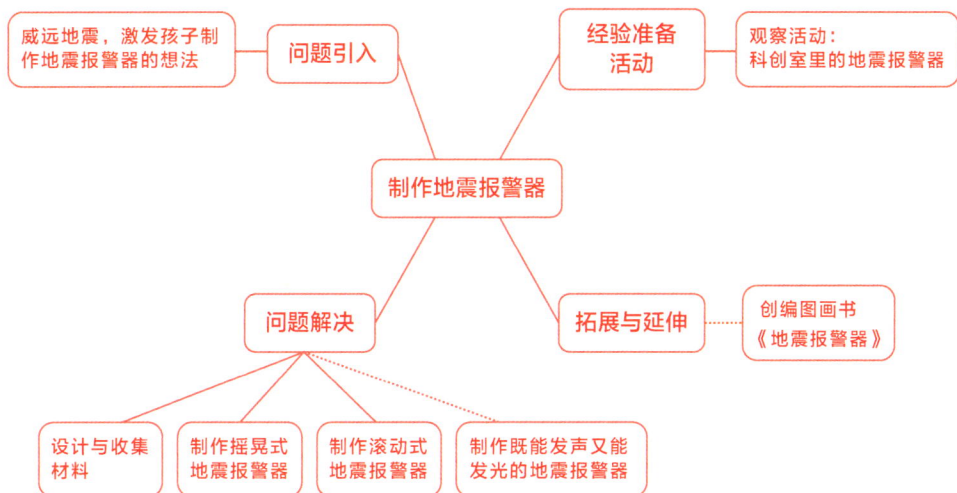

```
威远地震，激发孩子制        问题引入                              经验准备        观察活动：
作地震报警器的想法                                           活动          科创室里的地震报警器

                              制作地震报警器

        问题解决                                                拓展与延伸          创编图画书
                                                                              《地震报警器》

设计与收集   制作摇晃式   制作滚动式   制作既能发声又能
材料        地震报警器   地震报警器   发光的地震报警器
```

注：—— 为教师预设；……… 为幼儿生成

六、STEM 要素分析 ✿

S （科学）	蜂鸣器	蜂鸣器的（引脚）长端为正极，短端为负极
	简单电路	闭合电路产生电流
T （技术）	工具使用	使用剥线钳剥剥导线； 利用硅胶枪、轻黏土、双面胶等多种材料固定支架
	电路链接	将电池槽、蜂鸣器、羊角钉、螺母等连接起来，形成电路
E （工程）	设计制作	以"摇晃""滚动"作为连通电路的方式，设计、制作地震报警器
	搭建支架	选择适宜材料，搭建支架
M （数学）	测量	测量支架横梁和羊角钉之间的距离，选择合适长度的铜线来悬挂螺母

七、幼儿发展评估

发展指标	发展评估 （用 1~3 颗星星表示发展水平）
1.知道地震的危害，对制作地震报警器感兴趣	
2.了解地震报警器的结构及材料	
3.初步了解地震报警器的工作原理，知道它是通过摇晃后发生碰撞，形成了闭合回路，产生电流	
4.能够迁移已有经验，设计自己的地震报警器	
5.能自选材料制作报警器的支架或轨道，并借助黏土、双面胶、硅胶枪等进行固定	
6.尝试利用电池槽、蜂鸣器、羊角钉、铜线等材料，形成一个闭合电路	
7.能与同伴分工协作，大胆讲述自己的想法与发现	
8.体验报警器制作和创编图画书所带来的乐趣	

八、项目活动思考

　　地震报警器在生活中比较少见，对于孩子们来说并不熟悉。突如其来的地震，引发了孩子们制作地震报警器的想法。孩子们虽缺乏生活经验却有探究欲望的活动，教师应该如何支持呢？

　　观察是一种比较有效的学习方法。在活动前期，我们带孩子们观察了科创室里的科技小制作——地震报警器，孩子们在观察、操作中对地震报警器有了初步的认识和了解，对其材料、结构、工作原理等有了一些直接经验，为后续的设计与制作提供了支持。在整个项目活动过程中，我们支持孩子们之间的相互学习。通过倾听他人、模仿他人，孩子们获得了制作地震报警器的间接经验。如"制作既发声又能发光的地震报警器"对于大部分孩子们来说有一定的难度，通过模仿小远的作品，孩子们了解了制作的方法，并进行了实践。

在制作的过程中，孩子们经历了讨论、设计、制作、完善等过程，他们不断发现问题、聚焦问题，并积极地动手动脑去寻求解决问题的方法，制作出了摇晃式地震报警器、滚动式地震报警器以及既能发声又能发光的地震报警器。这是一次具有挑战性的项目活动，让我们看到了孩子们令人惊叹的学习能力。

项目组教师：万立莲　吴玉凤　杨　婷
视频制作：袁　信　罗霏霏

项目九

· 大班 ·

Wei Woniu Jiangejia

为蜗牛建个家

一、问题引入

区角游戏时间，孩子们正用各种蔬菜、水果进行创意制作。

"哇，我发现了一只蜗牛！"优优的话让整个活动室沸腾了起来，大家赶紧来围观。

"小小的样子，好可爱。"谦谦感叹道。

藻藻很开心，问道："老师，我们能把它养起来吗？"

在城市生活的孩子近距离接触小动物的机会少，缺乏喂养小动物的机会，而蜗牛对食物和场地的要求并不严苛，在注重卫生的情况下，不会对孩子们的健康造成影响。因此，教师欣然同意孩子们的请求，并决定支持他们喂养蜗牛。

把蜗牛养在哪里呢？孩子们将蜗牛放在托盘上，并在它的身上放了许多菜叶，希望蜗牛躲在里面吃得饱饱的，没想到蜗牛却到处乱爬。于是，他们将蜗牛放在用小篮子罩住的纸杯里，并决定为它建一个家。为蜗牛建个家，孩子们可能会获得科学、工程、技术、数学等方面的经验，比如：

◆ 科学：了解蜗牛的身体结构、生活习性等。

◆ 技术：能使用剪刀、图钉等工具，对矿泉水瓶、纸杯、纸板、盒子等材料进行加工和改造。

◆ 工程：能根据蜗牛的生活习性，设计并建造蜗牛的家。

◆ 数学：不同的蜗牛家的形状、空间大小。

那么，为蜗牛建个家，需要准备哪些经验呢？

二、经验准备活动

区域活动：阅读科普图画书

活动方式：区角活动——语言区。

材料准备：科普图画书《诞生了，蜗牛》《蜗牛背着房子上路》《常见蜗牛野外识别手册》等。

指导要点：

1. 引导孩子们阅读与蜗牛有关的科普图画书，了解蜗牛的身体结构和生活习性。

2. 鼓励孩子们在与同伴交流、讨论阅读中发现的关于蜗牛的信息。

幼儿获得经验：

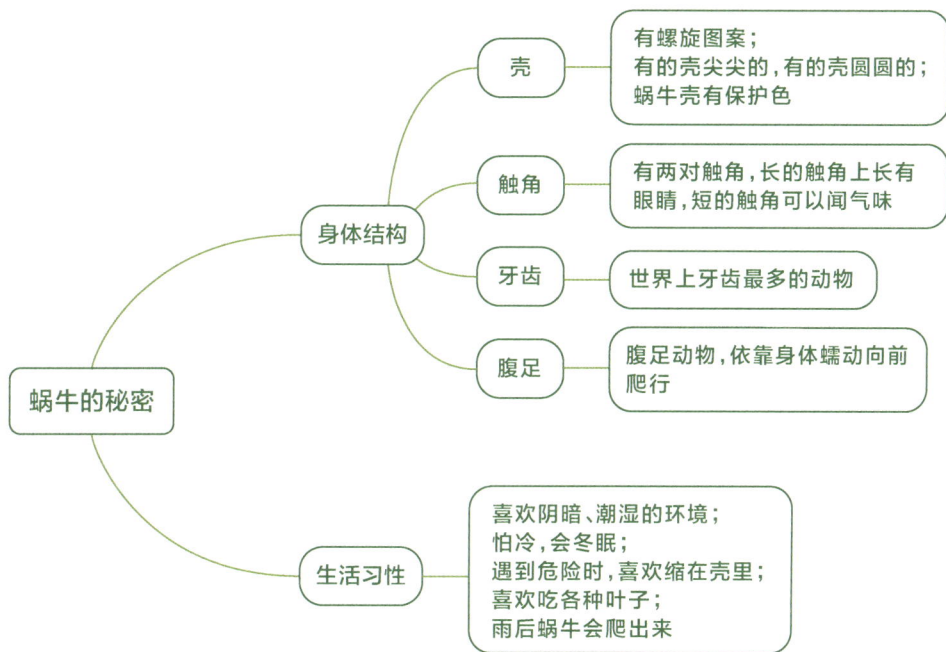

```
                                         ┌─ 壳 ──── 有螺旋图案；
                                         │         有的壳尖尖的,有的壳圆圆的；
                                         │         蜗牛壳有保护色
                                         │
                                         ├─ 触角 ── 有两对触角,长的触角上长有
                                         │         眼睛,短的触角可以闻气味
                          身体结构 ───────┤
                                         ├─ 牙齿 ── 世界上牙齿最多的动物
   蜗牛的秘密 ──────┤                    │
                                         └─ 腹足 ── 腹足动物,依靠身体蠕动向前
                                                   爬行

                   生活习性 ──────────── 喜欢阴暗、潮湿的环境；
                                         怕冷,会冬眠；
                                         遇到危险时,喜欢缩在壳里；
                                         喜欢吃各种叶子；
                                         雨后蜗牛会爬出来
```

亲子活动：蜗牛小调查

蜗牛喜欢怎样的家？什么材料可以用来为蜗牛建个家？教师请孩子们在爸爸妈妈的帮助下进行一次蜗牛小调查，并在调查的基础上交流信息，获得以下经验：

蜗牛需要怎样的家	什么材料可以用来为蜗牛建个家
蜗牛需要潮湿、阴暗的家； 有蜗牛喜欢吃的食物； 能躲避天敌； 能透气； 温度适宜，不冷也不热	主体材料：矿泉水瓶、干果罐子、饼干盒、玻璃缸、快餐盒…… 辅助材料：泥土、树枝、菜叶、纸板、滤网等

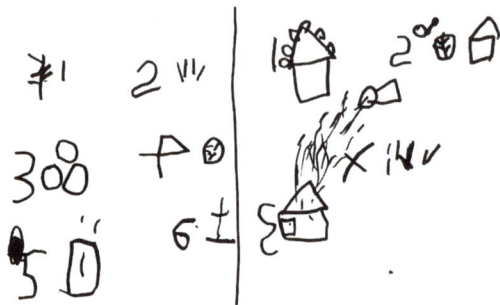

图 9-1：幼儿汇总记录：蜗牛喜欢有树、草、石头、菜叶、水分和泥土的家；给瓶子打孔可以用来当蜗牛的家；要每天为蜗牛喂菜叶；给蜗牛家洒水时不能一次洒太多。

三、问题解决 ❀

（一）用积木为蜗牛建个家

1. 讨论：怎样为蜗牛建家

虽然在前期的亲子调查中，孩子们了解了为蜗牛建家的多种材料，但在操作中，一提到建家，孩子们就想到了积木，因为积木可以挡住阳光，并且积木之间有缝隙，能让蜗牛呼吸。有的孩子准备修摩天大楼，里面有供蜗牛休息的房间、洗澡的地方、吃东西的餐厅；有的打算修个围墙不让蜗牛爬出去；有的想要修个滑滑梯供蜗牛做游戏……

教师对孩子们的想法进行了梳理，帮助孩子们明确为蜗牛建家时需要注意的四个问题：第一，挡住阳光；第二，设置一些游乐设施；第三，能透气；第四，不让蜗牛爬出来。要求孩子们在一次建家的过程中，综合考虑到上述四方面的问题是非常困难的。于是，教师引导

孩子们展开讨论，引导孩子们明晰主要问题，弱化次要问题，删减无关问题。孩子们认为，在教室里没有阳光直射，排除了"挡住阳光"的问题；有孩子提出，不清楚蜗牛是否喜欢滑滑梯，所以可以不用建游乐设施，也有孩子认为可以把蜗牛的家先建好，后面再来修建游乐设施；大家都认为"能透气"和"不让蜗牛爬出来"这两个问题很重要，是为蜗牛建个家必须要考虑的问题。

2. 搭建蜗牛的家

孩子们讨论和总结出为蜗牛建个家需要考虑的两个要点——透气、不让蜗牛爬出来，便开始动手搭建。他们选择了木质积木、多米诺骨牌等材料进行尝试。

> **解读：**
> 搭建中，孩子们自然地与平时的建构游戏进行了联结，所选择的材料局限于各种积木。

图 9-2、9-3：虫虫让蜗牛在"摩天大楼"上爬行

虫虫和萌萌合作搭建了一个摩天大楼，并把蜗牛放到"摩天大楼"上，观看蜗牛爬楼。蜗牛真的从"摩天大楼"的底部爬到了顶部，他们激动地欢呼、跳跃起来，一不小心碰到了积木，"摩天大楼"瞬间倒塌，蜗牛跟着积木摔下去了，不见了踪影。虫虫和萌萌赶紧在积木堆里找，幸运的是，蜗牛安然无恙。

蜗牛的这次"历险"，让孩子们都为它捏了一把汗。然而，其他组的作品和虫虫、萌萌一组的相差无几，几乎都是用积木

> **解读：**
> "摩天大楼"的倒塌，宣告着此次为蜗牛建家的任务失败。这次经历使孩子们感受到为蜗牛建家，需要切实解决蜗牛的居住问题，不能等同于日常的建构游戏。

图 9-4、9-5、9-6：孩子们用多米诺搭骨牌建的蜗牛家

垒砌、拼插或粘贴而成的。

当大家一起来欣赏这些蜗牛家时，孩子们发现：虽然很多家都修了围墙，但是蜗牛依然可以爬出来，并且积木易倒，不适合用来为蜗牛建家。正在这时，晚餐时间到了，大家不得不把占据了教室大部分空间的蜗牛家拆除，孩子们这才意识到为蜗牛建个家还需要考虑到场地的选择，要便于移动。

（二）亲子合作为蜗牛建个家

一次雨后的早晨，欣妍手上高举着一个小盒子，兴冲冲地跑到活动室，上气不接下气地说："我带了蜗牛。"孩子们很开心，小蜗牛有朋友了。

为小蜗牛建造适宜的家，再次被提上日程。教师发放亲子任务单，请家长和孩子们一起收集适合为蜗牛建个家的材料，并尝试制作。

通过亲子合作，一个个蜗牛家诞生了，有的由纸板和塑料杯组合而成，有的在铁盒上倒盖一个有孔的纸杯，有的直接在干果罐子上打孔……孩子们还在蜗牛家里放了泥土、小树棍等。他们对自己制作的蜗牛家感到非常满意，到底哪些家适合

解读：

用积木建一个"透气"且"不让蜗牛爬出来"的家，对积木的连接和固定方式，以及缝隙大小的把握，有很高的要求，现阶段孩子们的经验难以达成，因而要鼓励孩子们广泛收集进行尝试。

同时，孩子们尚不具备独立地解决多重问题的能力，需要教师和家长的支持与帮助。因此，第二次建家以亲子活动为宜。

支持：亲子合作

在这一环节，孩子们主要面临着切割材料和打孔的技术挑战。

在爸爸妈妈的陪伴下，他们有的将材料进行切割后再组合，以便"不让蜗牛爬出来"；有的尝试用图钉打孔，让家变得"透气"。

蜗牛居住？大家一起来评议。

幼儿制作的蜗牛家（部分）	自述想法	同伴意见	改进办法
（塑料杯+纸板）	涵涵："我找了塑料杯和纸板，我剪了一小块纸板，正好盖住塑料杯。我还在纸板上扎了一些小孔给蜗牛透气。"	适合 虫虫："要是塑料杯再大点就好了。"	涵涵："我找一个大杯子试试。"
（海胆壳）	藻藻："蜗牛住在海胆壳里会很舒服。海胆壳外面长满了刺，如果蜗牛爬出来，海胆壳外的刺蜇到它，它就不会出来了。"	不适合 谦谦："如果蜗牛不小心爬出来，被刺蜇到，那也太惨了。"	
（开口塑料瓶，里面放有泥土、菜叶）	牛牛："我在矿泉水瓶上剪了一个长方形口子，还为蜗牛准备了泥土和菜叶。"	不适合 洋洋："蜗牛很容易爬出来。"	天天："用个像网一样的东西盖住开口的地方。"
（玻璃瓶）	洋洋："我找的是玻璃瓶。如果再给它打几个孔，把它翻过来就很好了。"	不适合 藻藻："我们没办法给玻璃瓶打孔。"	
（被切开的塑料瓶）	谦谦："我找了一个大瓶子，爸爸帮我从中间剪成两半，这样好给蜗牛喂吃的。我们还在瓶子上打了很多孔透气。"	适合 藻藻："蜗牛不会爬出来，还能呼吸。"	筱懿："蜗牛喜欢黑暗，还需要把它弄暗一点。"
（打了孔的罐子）	豆豆："我找了一个干果罐子，然后我用水彩笔在罐子上画了一些点点做标记，爸爸就在我标记的地方打了透气孔。"	适合 虫虫："这样的家，蜗牛一定爬不出来。"	

安全提示：
    使用图钉打孔时，需有老师或家长的陪伴。将矿泉水瓶横放在桌面上，一只手握住瓶口，一只手用图钉打孔。使用后，将图钉放置在安全的地方。

最后，孩子们结合讨论意见和办法，对蜗牛家进行了改造。终于大功告成，蜗牛搬进了新家。

（三）建一个像大自然一样舒适的家

一天，虫虫在观察和记录蜗牛时，发现蜗牛越来越少了。教师也回想起在清理蜗牛家的时候，发现了空空的蜗牛壳。为什么会有蜗牛壳出现？蜗牛都去哪里了？

萌萌坦言："有一天我把蜗牛家的盖子打开，想让蜗牛透透气，结果蜗牛不见了，我没有找到它。"其余孩子也纷纷抱怨。乐乐说："我们每天都要为蜗牛准备菜叶，因为蜗牛的家里只有泥土，蜗牛没有吃的。"虫虫接着说道："还要清理它没有吃完的食物和蜗牛的便便，很麻烦。"乐乐又说："蜗牛的家里有点臭，我不想照顾它了。"原来，孩子们和蜗牛相处的日子久了，渐渐失去了初见时的好奇和兴趣，班级中只有几个孩子在关注着蜗牛。由于缺乏照顾，留下来的蜗牛越来越少。

1. 什么样的家像大自然一样舒适

蜗牛虽小，也是独一无二的生命。孩子们既然喂养蜗牛，就应承担起照顾好它们的职责。教师问："接下来打算怎么办？"鑫鑫提议："我们可以在蜗牛的家里种一些植物，蜗牛想吃就吃。"孩子们认为蜗牛喜欢大自然的环境，应该为蜗牛建一个像大自然一样舒适的家——它应该足够大，让蜗牛能够自由地爬来爬去，里面还应该有蜗牛喜欢的食物。

首先，孩子们开始寻找一个足够大的容器。他们对泡沫箱和纸箱的大小比较满意，但考虑到蜗牛的家需要保持潮湿，纸

> **解读：**
> 建一个像大自然一样的家，让蜗牛生活得更舒适，体现了孩子们对生命的尊重。同时，也省去了孩子们在喂养中的麻烦。

箱很容易因为被水打湿而破损，便选用了泡沫箱。

接着，他们拿着泡沫箱到菜园里装上泥土。可当他们准备把装了泥土的泡沫箱搬回教室时，却遇到了难题，几个孩子和教师一起搬，走了一小段路，就累得停了下来。教师说："我估计这箱泥土肯定比你们还重，因为我可以抱起你们，却搬不动这箱泥土。"听到教师的话，疲惫的孩子们又来了兴致，你抱抱我，我抱抱你，比比轻重。乐乐取来电子秤，大家争先恐后地站上去称一称。称重结果（单位：kg）如下：

解读：
将泥土箱运到三楼是本次建家中的难点。

支持：话题引导
抛出话题，引发幼儿对重量的关注与比较。

图 9-7：幼儿记录的称重结果

由于涉及到小数，孩子们不知如何比较。教师请孩子们比较小数点前面的数，得出乔乔最重，关关次之，闪闪更轻，而泥土是最轻的。泥土比小朋友轻，为什么搬起来却很费力？孩子们认为，泥土箱虽然轻一些，但箱子很宽，我们无法将其抱着紧贴在身上，所以感觉很重。

孩子们开始思考怎样把泥土箱运上三楼。"请一辆大吊车帮忙把泥土吊上去""要是有一条平平的路通到三楼就好了，车子可以直接运上去"……教师拿出图画书《小机械立大功》，说道："小机械有着大用处，说不定小机械可以帮助你们呢！"

孩子们一边阅读图画书，一边讨论着，"轮子，轮子可以用，我们可以在泡沫箱下面安装轮子。""木板可以形成斜面，我们幼儿园有好多长长的积木，我们可以把积木拼在一起。""幼儿园里有没有滑轮？我们可以在三楼安一个滑轮。"……

最后，孩子们决定用滑板车来运送泥土箱，用胶布将长条的积木连接在一起，形成两个斜面，作为滑板车的轨道，成功地将泥土箱运到三楼。

支持：图画书阅读

通过阅读图画书，引导孩子们了解常见的简单机械，帮助幼儿找到运送泥土的方法。

图 9-8、9-9：幼儿利用滑板车、斜面运送泥土箱

随后，孩子们移栽了一些菜和草到箱子里。大功告成，他们把蜗牛移进新家里。虫虫兴奋地喊道："这个家就像大自然一样，我猜蜗牛不会爬出来了。"

图 9-10、9-11：孩子们将蜗牛移居到新家

2. 怎样便于观察

日子一天天过去，移栽的植物在箱子里长得绿油油的。想要观察蜗牛的孩子们却经常找不蜗牛在哪里。阅读图画书时，孩子们发现蜗牛吃苔藓，于是大家决定拔掉蜗牛家里长得郁郁葱葱的植物，移栽低矮的苔藓，以便于观察。

图 g-12（左上）：孩子们在泡沫箱里培育的苔藓

图 g-13（右上）：苔藓生长一段时间后，蜗牛在苔藓里生活

（四）制作自动浇水装置

一个星期一的上午，瑶瑶发现蜗牛家的泥土变得很干，苔藓也快要干枯了。孩子们认为是由于周末两天没有浇水造成的。天天想要制作一个自动浇水装置，他用矿泉水瓶和吸管进行了尝试，但未成功。这时，孩子们想到可以在盥洗室的水龙头上接一根水管，将水管牵到蜗牛家里，可在幼儿园里只找到了PVC管，PVC管硬且不容易转弯，不合适。

班级中的材料不足以支持孩子们的活动，于是，教师和一位在医院工作的爷爷沟通，请爷爷带来了两套未使用的输液管，投放在科学区。孩子们见到输液管非常兴奋。天天说："我知道了，输液的时候就是有一根针插在手上，药就从管子里流了

支持：材料投放

利用家长资源，投放新材料——输液管，推动孩子们的探究活动持续进行。

下来，我们可以用输液管来做自动浇水装置。"

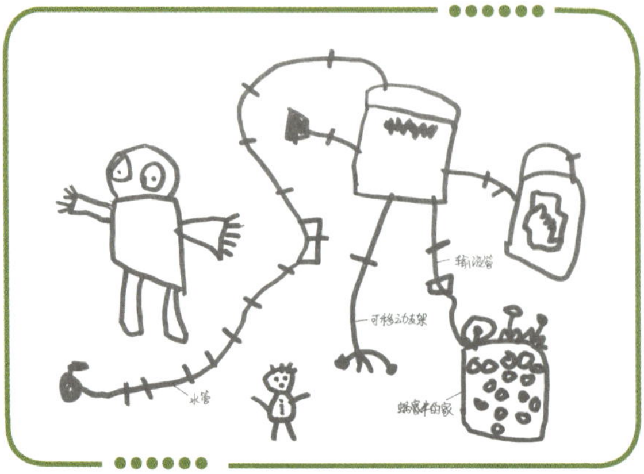

图 9-14：天天和鑫鑫设计的自动浇水装置

解读：

　　孩子们迁移生活中输液的经验，制作自动浇水装置，创新意识正在悄悄萌芽。

根据孩子们的设计，他们在制作中可能促进以下 STEM 经验的提升：

◆ 科学：支架的稳定性；水的流动。

◆ 技术：连接水管并固定。

◆ 工程：制作自动浇水装置。

◆ 数学：水的流量控制；支架的高度；水管的长度与高度。

　　在制作中，孩子们发现，天天和鑫鑫的设计是要将盥洗室的水牵引至蜗牛的家，这并非易事，便决定将输液袋替换为矿泉水瓶，用矿泉水瓶储水。他们在瓶身打了一个孔，然后装满水，惊奇地发现水并未从孔里流出。直到插入输液管后，打开开关，水才开始流动起来。可当他们把水瓶放在泡沫箱旁的地上时，水却停止了流动。鑫鑫发现还需要一个支架，把水瓶的位置垫高，因为水不能从低处往高处流。

注释：

　　为什么装满水的瓶身上有孔洞，而水却没有流出来？

　　因为当瓶子装满水，盖上瓶盖，瓶外的大气压强大于瓶内水的压强。所以，瓶内的水不会流出来。当打开瓶盖或者用力挤压瓶身时，就会有水从孔里流出。

图 9-15：天天、鑫鑫、虫虫等小朋友制作的自动浇水装置

　　此后，每到周末，孩子们便在瓶子里装满水，将输液管上的开关调整到流水速度最慢的位置，以保证在假期中蜗牛家的潮湿。后来，在苔藓里生活的蜗牛产下了卵宝宝，经过漫长的等待之后，卵宝宝变成了小小的蜗牛，孩子们兴奋不已。

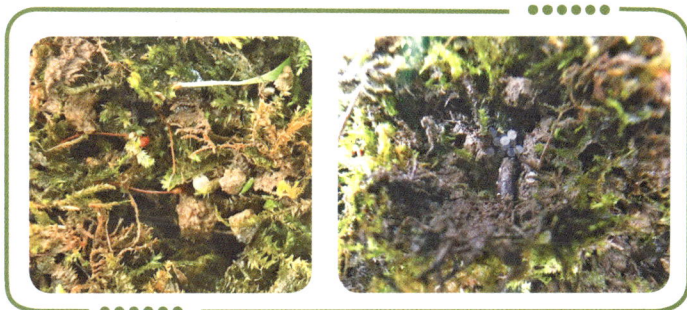

图 9-16、9-17：蜗牛产下的卵宝宝

四、拓展与延伸

测量蜗牛五分钟能爬多远

　　在观察蜗牛的过程中，孩子们发现蜗牛的粘液很粘，猜测胶水就是用蜗牛粘液做成的，进而推测因为粘液将蜗牛粘住了，阻碍了蜗牛爬行，所以蜗牛爬得很慢。然而睿睿和爸爸查阅资料发现，粘液实际上起到了润滑的作用，有助于蜗牛爬行。在很长一段时间里，孩

子们都在研究蜗牛爬行速度的问题。

一天，梓骁笑嘻嘻地问："老师，我考考你，蜗牛在什么情况下能从中国爬到美国？"

孩子们一听梓骁的问题，纷纷质疑，"蜗牛爬得那么慢，怎么可能从中国爬到美国？"

教师笑着说："在地图上。"

梓骁大笑，说："对啦，这是一个脑筋急转弯。"

1. 测量蜗牛 5 分钟能爬多远

听到梓骁和教师的对话，孩子们哈哈大笑。看到孩子们的反应，教师认为脑筋急转弯也可以变成一个可以探究的问题，蜗牛的爬行距离正是一个值得探究的数学问题。于是，教师说："我倒是真的想知道蜗牛 5 分钟能爬多远。"有了教师的提议，大家决定来测一测。

孩子们拿来软尺和沙漏，并在教室里搭建了一个供蜗牛爬行的轨道。可是，蜗牛在轨道上爬了一会儿，就改变路线，往积木上面爬去，测量无法进行。

图 9-18、9-19：蜗牛在轨道上爬行

洋洋提议在轨道上面盖上顶棚，蜗牛就爬不出来，等时间到了，再把顶棚打开，看看蜗牛在哪里，最后量一下距离就知道蜗牛 5 分钟可以爬多远了。于是，孩子们对轨道进行了调整。

没想到蜗牛竟然如此调皮，它们爬到了顶棚上面。测量依旧无法进行……

图 9-20：孩子们在轨道上盖顶棚　　　　图 9-21：蜗牛爬到顶棚上

2. 降低测量难度

孩子们面对蜗牛的"不配合"，有些不知所措。降低测量的难度，才能推动活动持续进行，教师说道："在 5 分钟的时间里，蜗牛不按我们的计划路线爬行，测量起来十分困难。5 分钟时间太长了，试试 1 分钟怎么样？"

孩子们采用了教师的建议，决定先测量蜗牛 1 分钟的爬行距离。测量开始，他们先在蜗牛所在的地方标记起点，然后计时，1 分钟后再把蜗牛所在的地方标记为终点。幸运的是，蜗牛在这 1 分钟的时间里，直直地向前爬行。孩子们将软尺的零刻度放在起点，终点对应的尺度为 5 厘米。测量取得成功，蜗牛 1 分钟爬了 5 厘米。

如何得出蜗牛 5 分钟的爬行距离？这对幼儿来说是个难题。必须将 1 分钟的爬行距离具象化，以便幼儿解决问题。教师剪下一根 5 厘米的吸管，以代表蜗牛 1 分钟的爬行距离。犇犇找来一个托盘，将托盘的一端作为起点，将吸管放在起点上，开始数"1，2，3……60"。数完 60 个数，他用手按在终点，将吸管的一头接在手按着的地方，再开始数数……如此反复，直到 5 分钟数完。宁宁拿来软尺，测量出蜗牛 5 分钟爬了 26 厘米。就这样，孩子们凭借吸管的帮助，利用数数计时、首尾相接的测量方式，计算出蜗牛 5 分钟爬行的距离。

图 9-22：测量蜗牛 1 分钟的爬行距离 　图 9-23：测量蜗牛 5 分钟的爬行距离

五、项目活动网络图

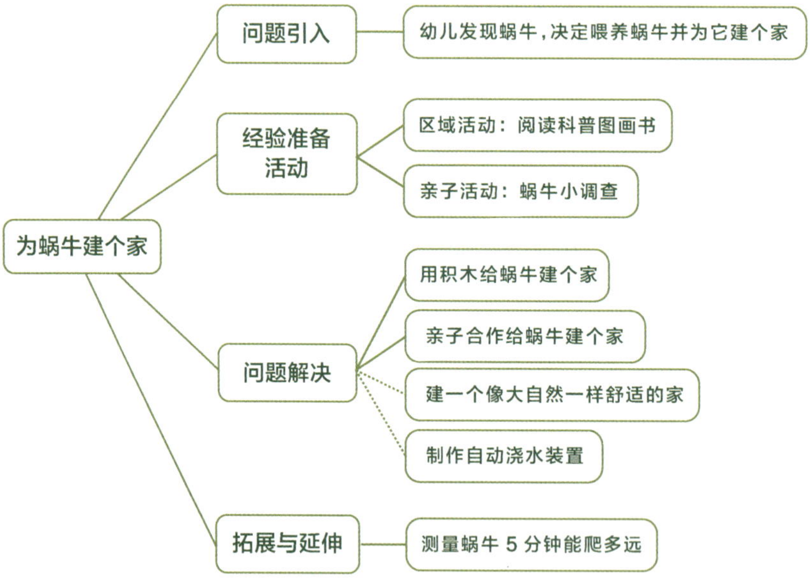

为蜗牛建个家

- 问题引入 —— 幼儿发现蜗牛，决定喂养蜗牛并为它建个家

- 经验准备活动
  - 区域活动：阅读科普图画书
  - 亲子活动：蜗牛小调查

- 问题解决
  - 用积木给蜗牛建个家
  - 亲子合作给蜗牛建个家
  - 建一个像大自然一样舒适的家
  - 制作自动浇水装置

- 拓展与延伸 —— 测量蜗牛 5 分钟能爬多远

注：—— 为教师预设；……… 为幼儿生成

六、STEM 要素分析

S（科学）	蜗牛的身体特征	蜗牛是腹足动物，爬行速度慢
	蜗牛的生活习性	蜗牛喜欢吃菜叶； 蜗牛生活在阴暗潮湿的环境里； 蜗牛遇到危险便会躲在壳里
	简单机械	轮子省力； 轮子可以在斜面上滚动
	水的特性	水具有流动性，从高处往低处流动
T（技术）	测量方法	用做标记的方法标注蜗牛爬行的起点和终点，使用软尺进行标准测量
	工具使用	使用剪刀对材料进行切割，用图钉打孔
E（工程）	给蜗牛建个家	了解蜗牛的生活习性，考虑适合的空间，选择适宜的材料，为蜗牛建个家
	制作自动浇水装置	设计自动浇水装置，并收集材料进行制作
M（数学）	测量	幼儿的体重和泥土的重量，蜗牛1分钟能爬行的距离
	量的比较	幼儿体重、泥土重量比较
	计算	计算蜗牛5分钟的爬行距离
	空间方位	自动浇水装置的出水口位置要高于蜗牛的家，使水往下流

七、幼儿发展评估

发展指标	发展评估 （用1~3颗星星表示发展水平）
1. 了解蜗牛的生活习性和身体特征，并能用语言连贯、清楚地讲述	
2. 发现蜗牛的独特之处，萌发关爱生命、敬畏生命的情感	
3. 在喂养蜗牛的过程中，遇到困难不气馁	
4. 能根据蜗牛的生活习性，设计与制作蜗牛的家	

（续表）

发展指标	发展评估 （用1~3颗星表示发展水平）
5.通过观察蜗牛的生活状态，分析问题出现的原因，并积极动手动脑改进蜗牛的家	
6.借助简单的机械，如轮子、斜面、剪刀等，解决探究中的问题	
7.会使用电子秤测重量，并进行量的比较	
8.能用软尺进行测量蜗牛1分钟爬行的距离	
9.在与同伴讨论问题时，大胆表达自己的想法和理由	
10.能用图画创作、身体动作等方式表达表现喂养蜗牛过程中的趣事	

八、项目活动思考

项目活动"为蜗牛建个家"经历了"用积木给蜗牛建个家"——"亲子合作给蜗牛建个家"——"建一个像大自然一样舒适的家"——"制作自动浇水装置"四个阶段。孩子们从"问题"与"行动"之间存在"两张皮"的现象，到亲子合作完成任务，再到主动地发现问题、分析问题和解决问题，解决问题的能力得到了很大提升。正是在"为蜗牛建个家"中发展起来的问题意识和问题解决能力，使孩子们在测量"蜗牛5分钟能爬多远"时表现得积极主动，解决问题的过程也更为顺利。

那么，在孩子们解决问题能力提升的过程中，教师给予了怎样的支持和引导？

第一，帮助幼儿明确问题。在刚开始为蜗牛建个家时，孩子们提出需要考虑四个要素：躲避阳光、有游乐设施、透气、不让蜗牛爬出来。教师组织讨论，然后进行梳理和总结，引导孩子们明确需要解决的问题——透气和不让蜗牛爬出来。

第二，抛出问题引发探究。如搬泥土中途休息时，教师将泥土的重量与幼儿的体重对比，引发幼儿对重量的探究。又如脑筋急转弯之后，教师表达自己的想法——想弄清楚蜗

牛 5 分钟能爬多远，引发幼儿进行测量。

第三，发动家长参与活动。家长参与活动，不仅仅体现在亲子调查和亲子制作中，还体现在日常生活中与幼儿进行关于蜗牛的谈话、到大自然里观察蜗牛、帮助孩子们查阅资料、解答疑惑等等上。

第四，作为后盾提供支撑。该项目活动从发现蜗牛持续到孩子们幼儿园毕业，历时 3 个多月。这期间，孩子们对蜗牛的兴趣消退时，教师默默地肩负起照养蜗牛的职责；当他们的兴趣再次被激起时，教师又悄悄地退到孩子们身后。

在喂养蜗牛的过程中，观察蜗牛、阅读与蜗牛有关的书籍、记录蜗牛日记、讲述蜗牛的趣事成为了孩子们日常生活的一部分。他们还进行了"蜗牛怎么拉便便？""蜗牛怎样生宝宝？""蜗牛有耳朵吗？"等探究，并在教师的引导下将探究中的趣事，制作了一本图画书《遇见蜗牛》。

在孩子的世界里，每一种生命都是独特的；在教师的眼睛里，每个孩子也是独特的。孩子观察蜗牛，教师追随孩子。遇见蜗牛，遇见生命的美好，遇见教育的艺术！

自制图画书
《遇见蜗牛》

项目组教师：杨晓梅 刘 丹 赵 静 袁 信 董文慧

图书在版编目(CIP)数据

在做中学:幼儿 STEM 项目活动精选/杨凌主编. —上海:复旦大学出版社, 2021.4 (2025.3 重印)
ISBN 978-7-309-15521-1

Ⅰ.①在… Ⅱ.①杨… Ⅲ.①科学知识-学前教育-教学参考资料 Ⅳ.①G613.3

中国版本图书馆 CIP 数据核字(2021)第 041196 号

在做中学——幼儿 STEM 项目活动精选
杨 凌 主编
装帧设计/冷小菁
责任编辑/谢少卿

复旦大学出版社有限公司出版发行
上海市国权路 579 号 邮编:200433
网址:fupnet@fudanpress.com http://www.fudanpress.com
门市零售:86-21-65102580 团体订购:86-21-65104505
出版部电话:86-21-65642845
上海丽佳制版印刷有限公司

开本 787 毫米×1092 毫米 1/16 印张 9 字数 144 千字
2025 年 3 月第 1 版第 5 次印刷

ISBN 978-7-309-15521-1/G · 2210
定价:55.00 元

如有印装质量问题,请向复旦大学出版社有限公司出版部调换。